第三帝国
ある独裁の歴史

ウルリヒ・ヘルベルト
小野寺拓也（訳）

角川新書

訳者まえがき

ナチズムに関する本は世の中に溢《あふ》れんばかりに存在するのに、いまさら新たな概説書が必要なのか？

そう思われる方もいるかもしれない。

しかし、事態はその逆であるように思われる。むしろそのような状況であるからこそ、信頼に足る新たな概説書がいま切実に求められているのではないか。

訳者の見るところ、現在、三つの憂慮すべき状況が生じているように思われる。

第一に、ナチズムに関する社会的関心は（近年の国際状況などを反映して）依然として高いにもかかわらず、社会に（とくにインターネットを通じて）出回っている情報には、著しく正確性に欠けるもの、あからさまな虚偽が少なくない。

第二に、明らかに誤った情報ではなくとも、数十年前の知識がアップデートされないまま流布し、陳腐化した、ナチズムの実像に合致しないイメージが広がっているケースも散見される。

第三に、他方では、ナチズムについては研究書や映画など、毎年膨大な文献や作品が登場しているため、日本語でも細かい情報が膨大に得られるようになっている反面、その全体像を見通すことが非常に困難になってきている。

その結果、わかりやすいが誤っている、あるいは陳腐化したナチズム像が蔓延《まんえん》する一方で、ナチズムを真摯《しんし》に学びたいと願う人びとの足がかりになるような文献は少ない、というのが現状ではないだろうか。

「最新の流行ばかり追えばよいというものではない」
「横のモノを縦にすればよいというものではない」
という声もしばしば聞く。
たしかにその通りである。

今後とも読み継がれていくべき「古典」とも言える研究は数多く存在するし、研究者の仕事は、最終的には自ら史料に当たって論文を書くことなのだから、翻訳というのも、そういう意味では「副次的」な仕事に過ぎないのかもしれない。

だが、最新の状況が紹介されることがストップしてしまったら、社会はどうなってしまうだろうか。個別的な実証研究を進めていけば、さきほどの状況が自動的に改善されると言えるだろうか。

そうではないだろう。「研究者コミュニティ」のなかでの知見はますます深まっていく一方、社会においてはその知見が広まっていくどころか、むしろ誤った、あるいは数十年間もアップデートされていないような言説が横行する状況が生じているのだとすれば、研究者はそれにたいして、「自分の仕事は実証研究だから」とほおかむりを決め込んでいてよいはずがない。

訳者が本書の刊行に踏み切ったのには、そうした危機感が大きい。

詳しくは訳者あとがきを参照していただきたいが、著者のウルリヒ・ヘルベルトはフライブルク大学名誉教授、ドイツにおけるナチズム研究の第一人者である。新聞書評でも、

「一九三三年から一九四五年のあいだの時期の出来事や連関について、彼ほど精力的に研究と教育活動を続けてきた研究者は、ドイツにはほとんどいない」と評されている。そのような専門家による信頼に足る概説書が、本書である。

しかし、本書を紹介するのは著者がナチズム研究の第一人者であるということだけが理由ではない。近年のナチズム研究の成果が、本書にはふんだんに盛り込まれている。その一つが、本書が議論の軸としている「民族共同体」論である。第一次世界大戦の敗北によって国民が分断されてしまったという強い意識から、大戦勃発《ぼっぱつ》直後の「城内平和」が理想として呼び起こされ、ドイツ人内部の対立に終止符をうち、一致団結して外国に立ち向かうことが求められた。この言葉をキーワードとして巧みにドイツ人の支持を獲得していったのが、ナチ党であった。「政治的、社会的、宗派的な対立のない、議会も政党もない、調和的な国民国家というビジョン」（本書二四七頁）が掲げられた。

ナチ体制においては、「アーリア人で健康な、業績能力のあるドイツ人の『民族同胞』であれば、階級や教養、宗教、出身地域に関係なく『対等』な人間と見なされ、ナチ国家によって社会政策による支援を受けた。他方、民族的、社会的、生物学的、そしてとりわけ人種的に排除された人びとは『民族同胞』と対等の立場ではなく、法を奪われ、厚生・治安当局から排除され、追放され、もしくは生殖を阻まれた」（八九頁）。さらに戦時下においては、「『民族共同体』が理想とする秩序に、『敵の世界にたいしてドイツ民族が一丸となる』という新たな意味合いが加わ」り、「外的な脅威や、国民や愛国心といった理念に訴えかけることで、依然としてヒトラー国家と距離を置いていた人びとをも統合することが、かつてより容易になった」（二一〇頁）。こうした、包摂と排除のダイナミズムこそが、ナチ体制の本質であった。

もう一つ、近年のナチズム研究の潮流として本書に取り入れられているのが、ナチズムの東欧支配を植民地支配の変種として見るという議論である。従来の植民地（コロニアリズム）研究では、アフリカのような遠く離れた、人種構成の異なる国にたいする支配のみが扱われ、隣接した白人居住地域である東欧にたいする支配は、それとは全く異なるものとして理解されてきた。だが近年の研究では、それを連続したものとして捉《とら》えるようになってきている。「ドイツ東部国境と『モスクワの』領域のあいだの広大な地域は、あらたなドイツ植民地帝国の基盤として目の前に現れた。しかし今回の植民地帝国はアフリカではなく、ヨーロッパ大陸であった」（四四頁）。ヒトラーは東部に植民地帝国を築くことを目指していたし、「ヒトラーも彼の部下たちも、イギリスのインド支配やアメリカによる西部征服にしばしば言及している。ヒトラーによれば、ソ連の住民は『インディアンの原住民』同様に、植民地の原住民として扱われるべきであった」（一五七頁）。じっさいにポーランドがドイツにとってはじめての植民地領域となったが、その支配は「その規模と過酷さという点で、一九二〇年代の西欧でしきりに議論されたアフリカ植民地における労働強制のかたちを想起させるものであった」（一四九頁）。そうした植民地で、人びとはさまざまな利益を得ることができたのである。

さらに本書では、戦時下のナチ体制を叙述の中心に据えつつ、ドイツに併合された地域に住むポーランド人の「ドイツ化」政策、民族ドイツ人の対独協力、ナチ・ドイツによる外国人労働者政策、占領政策、戦時下でのナチ党の果たした役割などについて、最新の知見が盛り込まれている。

ドイツ「特有の道」論、ドイツは英仏などとは違って「正常な発展」を遂げなかったからこそ、ナチズムのような政治体制が出現したのだという古典的な議論について、一九世紀末以降ドイツが直面していた社会的変化や課題は基本的に他のヨーロッパ諸国と共通のものであり、その意味で特殊であるとは言えないものの、変化のスピードが著しく速かったという点ではやはり特殊だったのであり、それがその後、さまざまなゆがみやひずみをもたらしたのだという、修正版「特有の道」論とも言える議論を展開している点が注目される。また、反ユダヤ主義の経済的側面について触れられている点も興味深い。加えて、女性が当初は仕事をやめて家庭に戻ることを求められていたものの、総力戦体制になってそれとは逆のことが求められるようになった点、ナチ財政のかなりの部分が人びとの貯蓄によってまかなわれていた点など、専門書ではすでに当然のこととして指摘されているものの、従来の概説書にはあまり盛り込まれてこなかった要素も、本書では目にすることができる。

本書が、ナチズムを真摯に学ぼうとする読者の導きの糸となることを願いたい。

目次

訳者まえがき　3
はじめに　19

第一部

第一章　**第二帝政と第三帝国**　24
経済的なダイナミズムと社会的矛盾／反ユダヤ主義の成立／「世界的地位」と植民地主義／第一次世界大戦と軍事独裁
第二章　**第一次世界大戦後**　43
ヴェルサイユ条約とその影響／一九二三年一一月蜂起の試み
第三章　**ヴァイマル共和国の右派**　55
急進右派の政治構想／ヒトラー／ナチ党の躍進

第二部

第四章　ナチによる「権力掌握」　68
ナチ支配の確立／ヒトラーの権力
第五章　迫害　79
ユダヤ人にたいする政策／ユダヤ人財産の「アーリア化」／政治的な敵対者と「共同体の敵」の排除
第六章　経済と社会　91
労働者層と市民層／ナチの女性政策／農業政策
第七章　拡張　104
外交政策——さまざまなブロックの形成／オーストリア「合邦」とミュンヘン協定／一九三八年一一月のポグロム

第八章　戦争への道　121

第三部

第九章　戦争の第一段階――一九三九～四一年　128
西部での勝利／戦時財政／対ソ戦の決定
第一〇章　暴力の爆発　140
対ポーランド戦／ポーランド系ユダヤ人の迫害／強制労働／病人や障礙者の殺害
第一一章　バルバロッサ　156
ソ連にたいする絶滅戦争／最初の挫折／飢餓政策／占領地からの収奪／「外国人動員」

第一二章　絶滅政策 172
ユダヤ人政策の急進化／大量射殺／ジェノサイドの決定／ヴァンゼー会議／アウシュヴィッツ

第一三章　戦争と占領 193
戦局の転換点としてのスターリングラード／占領政策／植民地としてのソ連占領地域／対独協力と日和見主義／ヨーロッパにおける抵抗運動

第一四章　戦時下の民族共同体 210
ドイツ諸都市への空襲／「民族同胞」と「外国人労働者」／ドイツ人はホロコーストについて何を知っていたか？／厭戦ムードの高まり／「君たちは総力戦を望むか？」／国内におけるテロルの強化

第一五章　ドイツ国内での抵抗　232
国民保守派による抵抗
第一六章　終焉　239
第一七章　おわりに　245
訳者あとがき　251
読書案内――さらに読み進めたい人のために　256

ニュルンベルクで支持者に迎えられるアドルフ・ヒトラー
（1933年）©Getty Images

凡例

1 本書は、Ulrich Herbert: Das Dritte Reich. Geschichte einer Diktatur, München: C.H.Beck, 2016 の全訳である。翻訳にあたっては、二〇一八年の第三版を底本とした。内容面について、著者に問い合わせのうえ修正した箇所もある。

2 〔 〕は訳者による補足である。ただし、一般向けの新書という本書の性格に鑑《かんが》み、訳者の判断で説明的な語句を補足したり、不要と思われる語句を削除したりしている場合が多々あることをお断りしておきたい。

3 読みやすさのため、C・H・ベック社の了解のもと、改行を原書よりもかなり増やしてある。また、著者の提案に基づき、原著にはない章、小見出しをかなり増やしている。

4 原著にあるのは文献註《ちゅう》だけである。それ以外の註記は、すべて訳者によるものである。

はじめに

第三帝国の歴史をこれほどコンパクトな紙幅でまとめるというのは、大それた企てである。まず、この時代ほど過去数十年において徹底的に研究されてきた時代はない。そうして得られた知見から見えてくるのは、すさまじく多様で複雑な全体像であって、ナチ国家の歴史をわずかな人物や中心的な出来事に帰して事足れりとした、かつて一般的であったものとはまったく異なる。いくつかの議論の筋道やテーゼからのみ語ることは、もはや困難なのだ。

さらに、特殊ドイツ的な歴史として語りうるのは、あくまで一九三三年から三九年のあいだだけである。それにたいして一九三九年から四五年はヨーロッパ史や世界史の一部なのであって、ほとんどすべてのヨーロッパ諸国にとって、自分たちの過去の歴史において未曾有《みぞう》の、もっとも恐怖に満ちた時期であった。そのような包括的な視点を、これほど圧縮された概説において適切に取り込むことは、たしかに困難である。だがアンバランスは覚悟の上で、そうした視点も一定程度、叙述に取り込んでいかなければならない。

したがって本書では、一九三九年までの時期は全体の五分の二程度にとどめている。そのさい第一部では、どのような一九世紀末以降の長期にわたる状況の進展がナチ期に影響を及ぼしたのか、それは第一次世界大戦や世界恐慌という破滅的な影響とどのように結びついていたのかを、とくに重視した。そのため、ナチ支配の戦争前の時期を描写するさいに一般的な歴史叙述で触れられる多くの出来事については、あまり触れないか、まったく触れなかった。この時期の多くの出来事は興味深い示唆に富んだものであるとしても、歴史的重要性という観点で言えば、独ソ戦やドイツによるヨーロッパの占領支配、ヨーロッパ・ユダヤ人の殺戮《さつりく》といった世界を動かした出来事に比べれば、はるかに劣るのである。

本書のような簡潔な概説では、他の文献では詳細に説明されているような研究史や研究上の論争について触れることは、ほぼ不可能である。それゆえ本書では、引用註《ちゅう》を示すにとどめた。また本書は、完璧《かんぺき》を期したものでもない。もちろん、もっと長い文章をもってしてもそれは不可能だろうが。

本書はとくに、第三帝国の歴史をバラバラな細部へと雲散霧消させてしまわないよう、物事の連関を説明し、解明することを目指している。本書の描写は、強調の仕方や重点の置き方は多少異なっているものの、多くの箇所において、私の前著『二〇世紀ドイツの歴史』に依拠している。[1] だが本書はとりわけ、学生や博士課程の院生、同僚とのナチ期に関する議論から生まれたものである。そうした議論においてわれわれは今まで、つねに新しい挑戦的な問題と向かい合ってきた。とりわけ、本書を批判的に読んだうえで重要な指摘をしてくれたズビレ・シュタインバッハー、ズザンネ・ハイムに感謝したい。

第三帝国は今やすでに研究し尽くされているとか、「克服されている」などといった確信(もっともそのような考えはすでに何十年にもわたって広がっているのだが)とは異なり、われわれはまだ多くの点において端緒についたに過ぎない。したがって本書も他の文献同様、中間報告として理解してほしい。

フライブルクにて　二〇一六年三月

ウルリヒ・ヘルベルト

【はじめに　註】

(1) Ulrich Herbert: Geschichte Deutschlands im 20. Jahrhundert, München 2014.

第一部

第一章　第二帝政と第三帝国

＊

ナチズム〔国民社会主義〕による権力掌握は、いかにして可能になったのか？　この問いを投げかけるのは、歴史家だけではない。すでに当時の人びともそのような問いを投げかけていたし、時代の中心にいた人びと、さらに外部の観察者でさえもそれを疑問に思っていた。そのさい、長いあいだ支配的だったのは、ナチ支配の原因はドイツの歴史が長期にわたり誤った方向へ進展したことにある、という確信であった。すなわち、一八世紀ないしそれより前にまでさかのぼるドイツ「特有の道」こそがナチズムの原因だ、という議論だ。だが、ドイツ人の「臣民根性」の原因はフリードリヒ大王、ひょっとするとマルテイン・ルターにまでさかのぼりうるのではないかという考え方がほとんど現実にそぐわないことは、研究が進むにつれてすぐに明らかになった。それにたいして次のような議論、つまり一九三三年以降のナチ独裁の確立を容易ならしめた問題あるさまざまな構造は、〔一八世紀以前ではなく〕一九世紀の過程でドイツにおいて形成されたのだという主張は、それよりは一見妥当なものに見える。

この議論はかいつまんで言えば、ドイツにおける国民国家と工業化は、歴史的に条件付けられた小国分立によってかなりの遅れを伴ってようやく可能になった、というものだ。それゆえ、ドイツの市民層は自由主義的で民主主義的な自己意識をまったく発展させることができないか、萌芽《ほうが》的にしか発展させることができなかった。だからこそ、自由主義的な国民運動も一八四八／四九年革命によって、とりわけ貴族やプロイセン王の抵抗によって挫折《ざせつ》を余儀なくされた。その結果、上から実行されたビスマルクによる一八七一年の国家創建によって半封建的な官憲国家が成立し、それにたいして市民層は、当時勃興《ぼっこう》しつつあった労働者運動への恐怖からこれに協調していった。

前工業的な旧エリートの、大規模な農業経営や軍隊、官僚機構における圧倒的な影響力がドイツの民主化と議会化を阻害すると同時に、ナショナリズムは大衆の紐帯《ちゅうたい》としてますます重要になっていった。それゆえ第一次世界大戦に敗北した後、ヴァイマル共和国において民主主義は国民のごく一部の支持しか得られなかったし、その支持すら急激に減少していき、最終的には旧エリートとナショナリズムの大衆運動の同盟によって破壊されたのだ。これが、彼らの主張であった。

こうした解釈の方向性、そのいくつかの側面は現在でも依然として納得のいくものだが、全体としてはとりわけ二つの反論によって、説得力を失う。まず「特有の道」という概念は、そこから逸脱するところの規範の存在を前提にしている。この場合は、西側の民主主義大国〔イギリス・フランス〕からのドイツの逸脱をさす。

しかしながら、フランスやイギリスの実際の状況はそうした〔先進的な〕「西欧性」の規範に合致するものではない。参政権についても、大規模な社会的矛盾についても、あるいはフランスについては世紀転換期における共和国の支持と敵対者のあいだでの深刻な対立についても、そうである。そして、価値規範的な意味での「西欧性」にまったくそぐわない、ヨーロッパ諸国の植民地政策については言うまでもないだろう。

もう一つは、「特有の道」によって描かれるドイツ第二帝政のイメージは、ゆがんだ、一面的な印象を与えるということだ。第二帝政では、たとえば議会化にさいして生じたさまざまな問題点のように、政治システムの無視できない欠点が存在した一方で、他の諸国ではかなり後になって実現した、注目すべき進歩もまた存在した。具体的には、男性普通選挙権、明確な法治国家性、ドイツが世界的な先駆者となった社会政策である。一九一四年以前のドイツで、極右が一定以上の影響力を持つことはなかった。一九三〇年までは民主主義的な諸政党がつねに明確な多数派に依拠することができたということを考慮すれば、ヴァイマル共和国の失敗はたしかに、絶対に避けられないものではなかった。一九三三年初頭ですら、半数以上の国民はナチに反対の投票行動をしていたのだ。

第二帝政とナチ体制の連続性を否定することはできないが、その連続性は、ヴィルヘルム二世期のドイツ〔一八九〇―一九一八年〕は時代遅れで基本的に失敗したものだと見なす、「特有の道」の単純なモデルが示唆するものよりも明らかに複雑である。なぜなら、第一次世界大戦が起こるまでの三〇年間のドイツ帝国は間違いなく、アメリカと並んで経済的にも、科学的にも、文化的にも世界で最も成功した国家だったからだ。

歴史的に未曾有《みぞう》の、二〇年以上にわたってほとんど失速することのなかった好景気によってドイツはこの間、一世代のあいだで農業国家から工業国家へと変貌《へんぼう》を遂げている。大規模な工業施設の成立は、急速な都市の成長、電話から自動車に至る近代的な技術革新の進展、学校や大学システムの構築と軌を一にしており、世界の模範となった。

経済的なダイナミズムと社会的矛盾

こうしてドイツ第二帝政は二〇世紀後半に至っても、ドイツの国家形態における繁栄と成功の模範とされていた。第二帝政に以下のようなことを認めたのは、他ならぬドイツ「特有の道」論のもっとも著名な代弁者である、歴史家ハンス＝ウルリヒ・ヴェーラーであった。

「ごくわずかの西洋諸国でしか実現していない、高度の法的安定性と政治的な参加権。オーストリアとスイスでしか実現していない、社会政策的な実績。断固たる批判ができる行動の余地、野党の成功体験、ほとんど検閲の侵害をうけることのない表現の自由、教育の機会、上昇の流動性、生活水準の向上」、そして「はっきりと改善した生活や政治参加の機会」(1)。

もっとも、こうした長足の進歩が、文化、社会、技術、経済におけるめざましい、きわめて急速に進行しつつあった変化のプロセスと結びついていたことは事実であり、これはほとんどの人びとにとって、自分たちの生活状況のすさまじい変化を、短期間でもたらすものであった。農村地域の人びとの多くが新興都市の工業地帯に移住した結果、ドイツ社会の性質は根本的な変化を遂げた。

ここで存在感を発揮したのは、もはや貴族や聖職者、「市民身分」ではなく、資本主義的な市場社会でその地位が定義される、市民層、手工業者、職員、工業労働者などの諸階級であった。と同時に、貧困層と富裕層のあいだの格差も広がっていった。この格差はイギリスほど大きくはなかったが、近代資本主義による「国民の社会的分断」への不安が、この時期において決定的な役割を果たすテーマの一つになるほどには、大きな格差であった。

間違いなくそうした状況はドイツに限られたものではなく、（程度の差こそあれ）西欧・北欧のほとんどの国々に見られたものだ。しかし他の国々とのもっとも大きな違いは、この数十年間の経済的、社会的、文化的変化の並外れたスピードにあった。それこそが、今述べているプロセスにめざましいダイナミズムを与えた。そうしたダイナミズムは、当時の人びとにとっても印象的なものであって、他の国々とドイツの状況を分かつのもまさにそうしたダイナミズムであった。

イギリスにおける農業社会から工業社会への変化は、七〇年ないし八〇年かけて行われた。フランスではイタリア同様、急速な近代化は一九五〇年代にいたるまで、ごく一部の工業地域に限定されたものだった。これにたいしてドイツでは変化のプロセスが、第一次世界大戦前の二五年間に集中している。その結果ドイツでは、伝統的な方向性と近代的な方向性の軋轢《あつれき》はより大きく、争いの火種はより多面的で、変化の経験はより強烈なものとなった。

今までの生活状況が失われるというこうした経験は、たとえば宗教的な結びつきの衰退、労働者運動の隆盛、ジェンダー役割や世代間の関係の変化とも関係していた。その経験は世紀転換期の頃には拒否反応や不安へと凝集し、とりわけ市民層において明白な方向性の喪失をもたらした。物質主義、資本の力、「冷たい」知性、疎外や大衆化にたいする反発がもっとも広がりを見せたのはこの階級であって、文化的な「モデルネ」(2)全体にたいする反抗へと発展していく。

みずからの生活状況の変化が速ければ速いほど、新しければ新しいほど、そして激しければ激しいほど、確固たる共同体へとみずからを結びつけることは重要になっていった。これはたとえば、カトリックの社会ミリュー〔政治路線、経済的利害、世界観、生活文化などを共有する社会集団〕に当てはまる。カトリックは信仰においても日常生活においても、教会が提供する社会的な施設や祝祭に、心のよりどころや安心を求めていた。

同じことは、おそらくそれ以上にプロレタリアという新しい階級による労働者組織に当てはまる。とりわけ、農村地域から工業都市へと移住してきた労働者が、団結や連帯、病気のさいの支援や家族への保護を得ることができた。

しかしもっとも強い影響力があったのは、「国民」という単位への結びつきであった。ドイツにおいて「国民」という概念が伝えたのは、自然な帰属という感情であり、それによって人びとは近代工業社会がもたらす苛立《いらだ》ちを克服し、将来への不安や方向性の喪失を埋め合わせることができた。

こうしてナショナリズムは、さまざまな苦難、不安、社会的分断の苦しみ、近代世界の複雑さにたいする諦念《ていねん》への、ある種の解毒剤として機能したのだ。と同時にナショナリズムは、大規模集会がもたらす陶酔という新たな経験、もしくは偉大な国民国家が対外的な影響力を強めていくのではないかという、新たに呼び覚まされた願望をもたらした。

反ユダヤ主義の成立

内政面においてもナショナリズムは、ドイツというできたばかりの、地域的にもきわめて多様な国家を統合する原動力となっていった。そのさい出発点となったのはまず、排除による帰属の定義である。何を「ドイツ的」と見なすかは、外にたいする定義、すなわち東のポーランド人と西のフランス人にたいする線引きによって定義された。そして内にたいしては、新しい国民国家のさまざまな敵を排除することによって。

そこで敵とされたのが「国際主義的」な社会民主主義者、ローマ教皇との「教皇至上主義的」な結びつきをもつカトリック、そしてドイツにおける唯一の非キリスト教の少数派であるユダヤ人であった。

そうしたイメージは、ドイツ国籍に関する新たな規定にも表れた。とりわけ外国人、とくにポーランド人労働者の東部ドイツ農業への流入を規制するため、ドイツ人はドイツ人の両親から出生したものであって、ドイツで生まれたものは含まないと明記された。そのさい決定的であったのは、帝国議会で強調されたように、「国籍取得において決定的要素をなす出自、血統である。この規定はとりわけ、民族的な特徴とドイツ的な特性を維持し保存することに、決定的に貢献する(3)」。

この矛先は、まったくの少数派であり、ドイツ帝国の人口の一%に満たなかったドイツ・ユダヤ人にたいしても向けられた。このさい決定的だったのは宗教的な差異ではなく、生物学的、つまり「人種的」なユダヤ人の他者性であり、それがあらゆることの前提とされた。これは、一八八〇年代以降、多くの反ユダヤ主義的な潮流や政党において現れ、しかし急速にその重要性を失っていったキリスト教的〔宗教的〕な反ユダヤ主義とは、明確に異なるものである。

それにたいして、社会的な反ユダヤ主義は今や幅広い人びとに受容されるようになり、教養市民層にも入り込んでいった。彼らの中で反ユダヤ主義は、近代工業社会の文明や文化にたいする批判と結びついていく。マインツの弁護士であり、急進的ナショナリズムの団体、全ドイツ連盟(4)の指導者の一人であったハインリヒ・クラースは、一九一二年にペンネームで『もしわれ皇帝なれば』を出版した。本書には、政治的右派のあいだで広まっていた不安の決まり文句が凝縮されている。

クラースによれば、一九世紀の著しい好景気によって、故郷や人びとの結びつきが失われ、社会民主主義が勢力を拡大し、中間層が破壊され、デカダンス〔退廃〕と「アメリカ化」が文化を支配した。同時に、高度工業化とともにユダヤ人の「盛期」が到来したという。なぜなら、「その本能と精神の方向性は金儲《かねもう》け」に向いているからだ。「慌ただしさ、傍若無人さ、道徳的な無感覚さ」を伴う新しい時代はユダヤ人によって特徴付けられてお

り、彼らは「その厚顔無恥ぶり、貪欲《どんよく》さ」によって経済生活を支配しているのだと。(5)
ナショナリストたちは、ユダヤ人のなかに自分たちの嫌悪感と恐怖を投影し、否定的に感じられたドイツにおける近代の付随現象を、この集団のしわざとした。しかしながら、こうした状況と他のヨーロッパ諸国を比較するためには、まずは工業化を遂げたすべての社会に共通して見られた要因を強調する必要がある。

急激に変化していく環境に直面して、それまで慣れ親しんできたものや方向性を求めるということは、フランス、オランダ、オーストリア、イタリア、イギリスもしくはロシアにおいても、それぞれの国に固有な特色はあるとしても、ドイツ同様見られたものだ。近代批判と改革運動、労働者運動と急進的ナショナリズム、社会的地位への不安と反ユダヤ主義の結びつきもまた、他の国々で現れており、部分的にはドイツよりもその傾向がより著しかった。特にロシアや、オーストリアにおいてはそうであった。

もし一九一三年の時点で、二〇年後どのヨーロッパの国で急進的で残忍な反ユダヤ主義政党が権力の座に就くかを予測しなければいけなかったとすれば、人びとはきっとロシア、もしくはユダヤ人将校ドレフュスをめぐる国家を揺るがす出来事によって分断されていたフランスを挙げたであろう。そして、一九世紀前半の解放以降、ユダヤ人が著しい統合を遂げていたドイツを挙げることはなかっただろう。

たしかにドイツにおける反ユダヤ主義は、無視することのできない現象であった。そしてユダヤ人は、軍人や国家の官僚としてのキャリアを閉ざされていた。しかし、それも時代とともに正常化していくであろうと、ほとんどのユダヤ人も非ユダヤ人も確信していた。それでも見過ごすことができないのは、ドイツで第一次世界大戦以前にすでに、急進的なナショナリズムの兆候が見られたということだ。一九一二年に帝国議会選挙において、労働者政党としては世界で初めて第一党となった社会民主党（ＳＰＤ）の勢力拡大にたいし、全ドイツ連盟を中心とした結集運動が表面化した。

彼らが要求したのは、とりわけ社会民主党、左派自由主義、ユダヤ人にたいする攻撃的な内政、およびドイツ帝国に世界強国の地位、「陽の当たる場所」を確保する攻撃的な外交・植民地政策であった。こうした団体に政治的アジェンダを決定するような力は全くなかったが、それでも影響力が皆無だったわけでもない。

「世界的地位」と植民地主義

すでに世紀転換期以降、帝国指導部は拡張主義的な外交政策を強行し、強大な艦隊の建設を開始していた。そこには、ドイツ帝国の植民地と「世界的地位」への要求がはっきりと現れている。艦隊や世界政策への熱狂によって、労働者の皇帝や帝国との一体感が促進され、社会民主党への支持拡大が阻止されなければならなかった。それがドイツ国内にどのような影響をもたらすのかが明確になったのが、一九〇四年、ドイツ領南西アフリカの二つの先住民集団、ヘレロとナマがドイツ植民地支配にたいして蜂起《ほうき》したさいである〔ヘレロ・ナマ戦争〕。

帝国指導部はこの蜂起を、徹底的な残虐さをもって鎮圧した。ドイツの部隊は、蜂起した諸部族の根絶を目標として、正真正銘の絶滅戦争を遂行した。六万人以上のヘレロがそのさい命を失ったが、これはこの部族の人口のほぼ八割に相当する。

ここでは、野心的ではあるものの植民地政治にほとんど経験のない大国が、予期せぬ抵抗に遭遇して、より一層過激で残虐なやり方で抵抗する「原住民」を鎮圧することで、みずからの不安を押しつぶそうとしたのである。急進化するドイツ・ナショナリズム、それと結びついた「野蛮人」にたいする人種主義的な優越感、そして世界強国の地位に酩酊《めいてい》した市民層が、そうした行動の根源をなしていた。

と同時に、ドイツ部隊のやり方は帝国議会や新聞において自由主義者や社会民主主義者によってきわめて厳しい批判を受けた。もっともそれらは、軍隊や急進的ナショナリズムの勢力のあいだで、議会や民主主義的な人びとにたいする反感をさらに強める結果となった。

世紀転換期以降、ナショナリズムの大衆組織とともに形成されていた新しい右派には、さまざまな結社や団体が含まれていた。農民協会、いくつかの工業同盟、大学生による学生組合〔ブルシェンシャフト〕や、新旧の反ユダヤ主義グループなどである。こうして重要性を増しつつある新たな要因が、政治の表舞台に登場した。そのさい、保守党⑥と国民自由党⑦の境界は、多くの場合流動的であった。

しかしながら、第一次世界大戦前のドイツにおける内政状況がどちらに向かうかは依然として未決定だったのであり、改革と議会主義化への傾向は押しとどめがたいものであるように思われた。もっともそのためには、社会的、文化的、政治的な矛盾を調整するだけの十分な時間が必要であった。

第一次世界大戦と軍事独裁

しかし第一次世界大戦の開戦と共に、ナショナリズムはドイツにおいても、他のすべての参戦国においても過激なものになっていった。内なる一体性がどこでも叫ばれ、それどころか、かつて厳しく弾圧されていた社会主義者の統合まで叫ばれるようになる。一九一四年夏、労働者のあいだでは戦争への熱狂はあまり見られなかった。ドイツにおいてそれが見られたのは、とりわけ市民層、ナショナリズムの諸団体、大学生や高校生のあいだである。

しかし特徴的だったのは、ドイツの知識人が戦争に酔った愛国主義を、西欧民主主義と近代文化にたいする根本的な拒否として解釈しなおしたことであった。彼らによれば、ドイツは過去数十年にわたってフランス革命の有害な影響にさらされてきたのであり、政党間の争い、「物質財の過大評価[8]」、神や信仰の放棄によってみずからの道徳的な力を失ってしまった。しかし、戦争によってドイツ民族はそこから解放され、再び一体感を取り戻すのだと。

こうして単なる軍事的な対立は、近代工業社会の正しい秩序をめぐる精神的な対立となっていった。国家学者ヨハン・プレンゲによれば、近代工業社会は自由主義や個人主義の原則によって組織するには、あまりに複雑なものである。そんなことをすれば、階級闘争や道徳的退廃、国家の死滅につながる。

それにたいして「コーポラティブなドイツ国家社会主義」においては、個々の利益は全体の理想によって一体のものとなる。自由は結びつきの欠如によってではなく、組織によって得られるのだと。そこにこそ、ドイツだけでなく全ヨーロッパの未来がある。「われわれは模範的な民族である。われわれの理念が人類にとっての人生の目標を決定することになるだろう(9)」。

ドイツの大学教授のあいだで広範囲に見られたそうしたイメージにたいして、たしかにまったく異論がないわけではなかったが、それは、ナショナリズムや反動的ロマン主義の枠をはるかに超えるものであった。ここで問題となっているのは、近代をめぐるもう一つのコンセプトであり、そこではナショナリズムと社会主義は融合し、個人の自由は集団の自由によって制限を受ける。つまり彼らによれば、近代の挑戦にたいする正しい回答は民主主義と自由主義ではなく、軍隊と組織にこそあるのだ。

だが戦争が長引けば長引くほど国民の厭戦《えんせん》気分が強まる一方、なんとしても戦争を継続する意向であった軍隊や政治的右派は、かたくなな姿勢をさらに強めていった。度重なる敗北と数百万に及ぶ犠牲者の結果、一九一六年、新たに第三次最高軍司令部（ＯＨＬ）が、戦争の英雄と讃《たた》えられていた将軍パウル・フォン・ヒンデンブルクと、エーリヒ・ルーデンドルフのもと成立した。これによって、ドイツ指導部における権力バランスは、いよいよ政治指導部から軍事指導部へ移っていくこととなり、この軍事指導部は政治的には極右勢力から支援を受けていた。

ヒンデンブルクとルーデンドルフはその後、暗黙のうちに一種の軍事独裁を確立することになる。もっともそれにたいしては、同様に影響力を強めつつあった議会多数派（カトリック中央党、自由主義諸政党、社会民主党）が対峙《たいじ》した。それに対抗して右派は、ドイツ祖国党[10]という、はじめてのナショナリズムの大衆運動を発足させた。八〇万人以上の党員を擁すると称していたが、実際には「祖国的（愛国的）」な結社や団体が団体加入していた。資金の多くはおそらく重工業界から支援を受けていたと考えられるが、彼らはＯＨＬの政治的なテコとして機能し、ＯＨＬは彼らを銃後と軍隊内部における宣伝、動員手段として利用した。

【第一章　註】

（1）Hans-Ulrich Wehler: Deutsche Gesellschaftsgeschichte, Bd. 4, München 2008, S. 203.

（2）〔訳註〕一九世紀後半から二〇世紀前半にかけてのドイツにおいて、科学技術、産業、資本主義経済の発展や大都市の登場、社会関係の流動化などに伴って登場した、伝統の枠を破ろうとする「より新しい」動き全般をさす。狭くは、文化・芸術におけるそうした動きをさす。

（3）以下に引用されている。Giese, Deutschkonservative Partei, 28.5.1913, Verhandlungen des Reichstags, Stenographische Berichte 290（1913）, S. 5282.

（4）〔訳註〕一八九一年に結成されたナショナリスト団体。愛国主義的意識の高揚を目指し、中央ヨーロッパにおけるドイツのヘゲモニー確立と海外植民地獲得を目標として掲げていた。会員数は約二万とそれほど大きくはなかったが、会員がその他の右翼団体の幹部クラスに入り込んでおり、重工業界や政界とのパイプを持っていた。「生存圏」「民族性強化」という全ドイツ連盟の思想は、ナチズムにも強い影響を与えた。

（5）Frymann ［d. i. Heinrich Claß］: Wenn ich der Kaiser wär', Leipzig 1912.

（6）〔訳註〕東エルベ地方のユンカー（土地貴族）をおもな支持基盤とする政党。一八九〇年代以降は、農民や手工業者などの利益擁護、ナショナリスティックな反ユダヤ主義をとなえた。

（7）〔訳註〕ビスマルクの反議会主義的な姿勢にたいして反発し憲法闘争を挑んでいた自由主義者の一部が、普墺《ふおう》戦争（一八六六年）での戦勝をきっかけにビスマルク支持にまわり結成した政党。一八九〇年代以降は、帝国主義的な植民地政策や海軍増強政策などを支持した。

（8）《Überschätzung der materiellen Güter》: Otto von Gierke: Krieg und Kultur, in: Zentralstelle für

Volkswohlfahrt（Hg.）, Deutsche Reden in schwerer Zeit, 1915, S. 75-101.

（9）Johann Plenge: 1789 und 1914. Die symbolischen Jahre in der Geschichte des politischen Geistes, Berlin 1916, S. 15 u. 20.

（10）〔訳註〕第一次世界大戦中の一九一七年に結成。議会による平和決議に反対して、併合主義的な「勝利の平和」を目指した。

第二章　第一次世界大戦後

＊

軍事的敗北が重なるにつれ、反ユダヤ主義的なキャンペーンも重要性を増していった。そのきっかけとなったのはまず、ユダヤ人が前線勤務から逃げているという噂である。それにたいして帝国政府は一九一六年一〇月、この噂の真偽を検証するため、いわゆる「ユダヤ人調査」の実施を命じた。

調査の結果はその噂を否定するものであり、この調査を求めた反ユダヤ主義的勢力にとって都合が悪い結果であったため、公表されなかった。調査結果がどのようなものであれ、「ユダヤ人調査」はさらに過激な反ユダヤ主義アジテーションの端緒となったし、ユダヤ人の同権化プロセスや統合を破棄しようとする試みの一つでもあった。

軍指導部とナショナリズム右派がどのような外交イメージを抱いていたかが明らかになったのが、一九一七年である。ロシアが戦争から離脱したあと、ボリシェヴィキとの平和交渉のさい、彼らは、ロシア帝国内部に深く食い込むドイツの勢力圏を要求した。躊躇《ちゅうちょ》するボリシェヴィキに圧力を加えるため、ドイツ軍は一〇〇〇キロ以上東部に向かって進撃し、ドネツ盆地やクリミア半島に到達した。これらの地域においてドイツ軍は、ほぼ一年にわたって単独支配を行った。ドイツの支配権のもとにあるこれらの地域の政治的、国民的な新秩序は、容易に確立できるように思われた。そして、ドイツ東部国境と「モスクワの」[1]領域のあいだの広大な地域は、あらたなドイツ植民地帝国の基盤として目の前に現れた。しかし今回の植民地帝国はアフリカではなく、ヨーロッパ大陸であった。この経験は、その後も長く尾を引くことになる。

戦争最後の年、内政をめぐる対立はさらに先鋭化していった。東部戦線における終戦ののち、西部戦線においても勝利を目指して平和交渉を拒否する軍指導部の姿勢にたいし、軍需工場の労働者たちは大規模なストライキによって、これに抗議した。一九一八年晩夏、中央同盟国の敗北がもはや避けられない状況になると、戦線崩壊はストライキと議会多数派の平和へのアジテーションのせいであると、軍部は言明した。

「憤激したハーゲンの陰険な投げ槍《やり》に斃《たお》れたジークフリートのように、われわれの疲弊した前線は崩壊した」(2)と、終戦後にヒンデンブルクは記している。「彼ら〔兵士たち〕は、故郷の力が涸《か》れはてた井戸から新しい生命を汲《く》み出そうと、無駄な努力をしていたのだ」(3)。これが「背後からの一突き」伝説の誕生であり、第一次世界大戦後の反共和国的なナショナリズムのアジテーションの基盤となった。

ナショナリズムと反ユダヤ主義、大衆社会と文化的モデルネへの批判は、ドイツにおいて一九一四年以前にはすでに広まっていたが、他の比較できるような国々ほど強いものではおそらくなかった。しかしながら、戦争によってこうした傾向は強まっていった。啓蒙《けいもう》とフランス革命の原則に対抗してナショナリスティックな軍事社会主義を目指す努力が、近代世界の秩序に関する特殊ドイツ的なコンセプトとして喧伝《けんでん》された。

と同時に二つの陣営のあいだの対立が先鋭化していった。一方はナショナリズム右派と軍指導部、他方は民主主義的な方向性を有する議会多数派の諸政党である。戦後の政治状況が、すでにここに予示されていた。

ヴェルサイユ条約とその影響

しかしながら、ドイツにおけるナショナリズムの沸騰を敗戦ほど強めた出来事はない。その点こそが、勝利した協商国との違いであった。この未曾有《みぞう》の戦争で敗れたことは、ドイツにおけるナショナリズムと報復思考を急激に強めた。しかしそうした傾向が見られたのは、ドイツだけではない。オーストリア、ハンガリー、ブルガリア、ロシアあるいはトルコといった第一次世界大戦の敗戦国では、その後に反民主主義的な体制が成立した。

戦勝国であったイタリアも、望んでいた領土の拡張が叶《かな》えられなかったためにみずからを敗者と感じ、ファシズムによる権力掌握を経験することになる。それにたいしイギリス、フランス、ベネルクス諸国、そしてアメリカでは軍事的な勝利によって民主主義的・議会主義的な政府の正しさが確認され、正当化された。

それでも一九一八年一一月に革命的な勢力が勝利し、共和国が創設されたことで、ドイツでは再出発が可能であるように思われた。とくに、社会民主党、中央党、自由主義左派〔民主党〕の民主主義的諸政党が一九一九年初頭の憲法制定国民議会選挙で四分の三の票を得た後は、なおさらであった。

しかしこれらの親共和国勢力による支配は、すぐに揺らいでいった。その理由の一つは、その後の数年間、急進的左派や急進的右派による暴力的な権力奪取への試みが、再三再四なされたことにある。一九一九年初頭から一九二三年までにわたって幾度となく繰り返され、ますます一種の内戦の性格を帯びるようになっていった。一九二〇年の右派によるクーデター、いわゆる「カップ〔・リュトヴィッツ〕一揆《いっき》[4]」には労働組合が立ち上がり、これらの反政府主義者を退却させた。左派による蜂起《ほうき》の試みでは、政府はやむを得ず国軍の支援を得た。

国軍はいわゆる義勇軍〔フライコール〕と呼ばれる志願兵部隊とともに左派の蜂起を、すさまじい残虐さをもって鎮圧した。このことは革命的な労働者層の憤りを招き、彼らはますます、社会民主党の左派が離党してできた独立社会民主党や、一九一九年一月に創設された共産党を支持するようになった。と同時に義勇軍は、のちにＳＡ〔突撃隊〕やＳＳ〔親衛隊〕となるような戦闘的な右派急進主義の中核となる。

蜂起や反乱の試み以上に建国されたばかりの共和国の安定性を揺るがしたのは、勝者による平和条約の過酷な条件であった。ヴェルサイユの平和条約はドイツ人にたいして、すさまじい、前例のないような巨額の賠償金を課し、そのうえ国境地域やすべての海外植民地を割譲させただけでなく、二三一条で開戦責任はただドイツ人にのみあると定めている。

その結果といえば、人びとの憤激と当惑であり、それは民主主義的な勢力においても同様であった。

バーデンの中央党の政治家コンスタンティン・フェーレンバッハ〔一九二〇―二一年に首相〕は、一九一九年五月に次のように述べている。「この条約は戦争の永続化である。しかしいつの日かドイツ女性は子どもを産み、その子どもが奴隷の鎖を引きちぎり、われわれドイツ人の顔に塗られた汚辱をすすいでくれるだろう(5)」。

連合国の圧力のもと、ヴェルサイユ条約に定められた要求を履行する用意があった政治家はその後、急進右派によるアジテーションの格好のターゲットとなり、彼らの指導的な政治家にたいする攻撃はますます暴力的なものとなっていった。それは最終的に、政治的殺害の波となって表れた〔一九二一年八月の元蔵相エルツベルガー暗殺、二二年六月の外相ラーテナウ暗殺など〕。

敗戦と革命の過程で反ユダヤ主義が強まったことは、その限りで驚きではない。祖国の不幸をうみだした責任者を捜し出そうとするなかで、急進ナショナリストがその決定的な勢力と見なしたのが、西欧の自由主義的な文明と、ロシアのボリシェヴィズムであった。

そして資本主義も共産主義も、普遍主義と国際主義の勢力であり、ドイツ人のナショナルな思考の正反対なのではないだろうか？　アメリカやイギリス、フランス、ドイツの指導的な銀行家もまたユダヤ人ではないのか？　レオ・トロツキーやローザ・ルクセンブルクのような共産主義の代表的人物もそうではないのか？　こうして反ユダヤ主義は、とりわけ敗北や反乱、蜂起の試みで揺れていたドイツでは、近代生活のすべての矛盾をほぼ説明してくれるような、ある種のマスターキーとなった。

そのうえ共和国は、深刻さを増していくインフレーションによって動揺していた。戦争中、帝国指導部は税金ではなく負債によって財政をまかなっていたため、ドイツの通貨は大規模な混乱に陥る。終戦時に負債は一四四〇億マルクという巨額に膨れ上がったため、ライヒスマルクの価値は戦後になると急激に低下していった。

最終的には、日々必要なものを買うためだけですら、数千マルク、のちには数百万マルクが必要となり、有価物件をもたず、金融資産しか所有していない人びとはほぼ完全に財産価値を失う結果となった。それが直撃したのはとりわけ市民層である。一方で有価物件を所有する人びとや投資家は、すぐに資産を回復させることができた。こうして国家や経済にたいする多くの人びとの基本的信頼が動揺した。強欲さや厚顔無恥さが勝利を得るような時代に、誠実さや慎ましさといったカテゴリーにもはや価値はないように思われた。

一九二三年一一月蜂起の試み

蜂起、暗殺、政治的暴力、賠償要求、そしてインフレーションといった不吉な状況が、一九二三年にはついに根本的な政治的危機へと先鋭化していった。共和国は早くも終焉《しゅうえん》を迎えるかに思われた。フランス軍がルール地方へと進軍し、ドイツ人に賠償の支払いを強要したとき、ドイツ政府は長期的な抵抗を組織した。インフレーションは狂気の次元にまでエスカレートし、右派は新たなクーデターを今度はバイエルンから準備した。

そのさいに基盤となったのは、ドイツ国粋主義的な団体、国軍の一部、そしてミュンヘンに数多く存在し、その急進性を互いに競っていた、民族至上主義的・国粋主義的な団体や小政党の協力であった。それらのなかでとりわけ声が大きく目立つ存在だったのが、演説家としてもオーガナイザーとしても有能で、「狂信的な」態度をとる指導者を有する、ある小政党である。それが、すでにバイエルンで強い勢力を持っていたものの、ドイツのそれ以外の地域ではほとんど知られていなかった国民社会主義ドイツ労働者党であり、党首は若きオーストリア人、アドルフ・ヒトラーであった。

一八八九年に生まれたヒトラーはリンツで育ち、実科学校を卒業することなく退学し、ウィーン芸術アカデミーで芸術を学ぶために何度も入学を志願したが、果たせなかった。一九一四年以前のヒトラーは住所不定で、定職もなく、自称画家もしくは作家で、最終的には浮浪者収容施設や独身者合宿所に住んだ。この時期、ウィーンでいたるところに見られたドイツ国粋主義や反ユダヤ主義の思想もおそらくは彼に影響を与えたであろうが、政治以上に彼が関心を寄せていたのはワーグナーのオペラである。

戦争中も、兵士としての彼が政治の表舞台に登場したことはない。休戦と革命ののち、彼はミュンヘンで国軍の「教宣部隊」への異動を命じられ、そこで彼は「反ボリシェヴィキ教宣コース」に参加して、引き続き国軍の宣伝演説家として活動した。ここで彼の巧みな弁舌、政治的な才能が発見された。一九一九年秋、ミュンヘンで雨後の筍《たけのこ》のように生まれつつあった急進右派のグループの一つであるドイツ労働者党（DAP）に、ヒトラーは加入した。そこで彼は急激に頭角を現し、ミュンヘンの右派シーンのスターの一人となる。

彼は政党名を「国民社会主義ドイツ労働者党」（NSDAP）に改称し、急進的な反ユダヤ主義をそのプロパガンダの中心に据えた。そこではナチ党の綱領は、「ドイツ民族攻守同盟」(6)や「ドイツ社会主義党」(7)といった他の急進右派の泡沫《ほうまつ》政党とほとんど異ならなかった。ミュンヘンは戦後、とくに「ミュンヘン・レーテ共和国」以降、反革命の中心となる。

これは血なまぐさい素人的な極左による蜂起であったが、義勇軍によるその残虐な鎮圧は、市民層によって喝采《かっさい》をもって受け止められた。一九二三年以降、ミュンヘンではベルリンの中央政府にたいする、国軍の支持に依拠した蜂起の新たな試みがなされた。国軍指導部の最終的な態度は固まっていないように思われたため、蜂起の開始は何度も延期された。ヒトラーは蜂起をせかした。

一一月八日、彼は何人かの忠実な部下とともにミュンヘンのビュルガーブロイケラーで行われていた右派の集会を襲撃し、ただちにみずからが臨時政府の代表となることを宣言した。しかし翌日、ナチによる素人的な蜂起の試みは、ミュンヘンのフェルトヘルンハレの前で、州警察による弾丸の雨あられのなか終息した。(8) この大失敗によって右派はその後数年にわたって弱体化し、その直前にイタリアで成功したムッソリーニを模範として(「ローマ進軍」のこと)、蜂起してベルリンに進軍し一気に権力の座に就くという彼らの希望は、水泡に帰した。

【第二章　註】

（1）〔訳註〕原語は「moskowitisch」。「モスクワ周辺の」、「モスクワによって支配された」といった程度の意味で、第一次世界大戦当時よく使われていた。

（2）〔訳註〕英雄叙事詩『ニーベルンゲンの歌』で、主人公ジークフリートは憤激したブルグントの家臣ハーゲンによって、弱点である背中を投げ槍によって貫かれ、殺害される。

（3）Paul von Hindenburg: Aus meinem Leben, Leipzig 1920, S. 403. S. 21.

（4）〔訳註〕大戦中に祖国党を提唱したヴォルフガング・カップ、ルーデンドルフ将軍、ベルリン地区の軍司令官リュトヴィッツらによるクーデター。一九二〇年三月ベルリンに進撃し、「新政府」樹立を宣言した。社会民主党によりゼネストを呼びかける声明が出され、独立社会民主党や共産党も参加して、ドイツ労働総同盟などの労働組合、職員組合もストを支持した。これにより、カップは退陣を余儀なくされ、クーデターは失敗した。

（5）Deutsche Nationalversammlung im Jahr 1919, Bd. 4, Berlin 1919, S. 2716.

（6）〔訳註〕一九一九年一月に成立。クラースの『もしわれ皇帝なれば』を政治綱領として掲げ、反ユダヤ主義やナショナリズムを主張した。最盛期には一八万人の党員を数えたが、一九二二年の共和国保護法により禁止された。

（7）〔訳註〕一九一八年末成立の反ユダヤ主義政党。のちにナチ体制でイデオローグとして大きな役割を果たす、ユリウス・シュトライヒャーも党員だった。一九二二年秋に解党。

（8）〔訳註〕ミュンヘンのオデオン広場にある将軍廟《びょう》。

第三章　ヴァイマル共和国の右派

＊

新しい首相シュトレーゼマンのもとで行われた通貨改革によって、インフレーションに終止符が打たれると、右派の弱体化はよりいっそう鮮明となった。多くの観察者が驚いたことに、共和国は安定し始め、一九二四年から二九年にかけて全盛期を迎える。好景気、法制度の改革、社会政策の大規模な拡充、調整型の外交政策、そして花開く文化生活が、この時期の特徴であった。この時期の国会選挙では民主主義的な中道政党がおよそ五六％を得る一方、右派（ドイツ国家国民党、右派急進主義のグループ）は二四％から一七％に減少した。

もっとも、重要な社会領域では右派の反共和国主義勢力が新たに優位に立つか、その優位を維持した。これがあてはまるのはたとえば大学であり、教授の大部分は共和国やモデルネの文化に批判的であるか、これを拒絶していた。

この傾向は大学生においてさらに強く、彼らの大部分は戦後初期の段階で共和国に急進的な態度をとり、ユダヤ人学生を自分たちの団体から除外していた。彼らや、いわゆる「保守革命」(1)の知識人たちのあいだでは、ひきつづきドイツの共同体と西欧社会、文化と文明、ドイツ的な「深み」と西欧的な「平板さ」が対比された。

彼らによれば、外国からの影響によって(一九一四年までは自発的に、一九一八年以降は敗戦の結果として)ドイツ人に異質な自由主義、資本主義、個人主義の原則が確立し、それによって人的結合、秩序、名誉、忠誠、義務といった、ドイツ人にとって価値の高い概念が破壊されたのだという。大都市の大衆文化は、彼らに言わせれば、こうした価値喪失の先鋭的な表れであり、本質において民族がその文化的な根源から疎外されることを意味していた。

そして青少年団体においても、戦前の近代批判的、反民主主義的な方向性が引き続き見られた。それらは数多くの大小の集団や「同盟」(2)に組織され、民族、国民、ドイツ性という共通の方向性を有し、前線兵士神話と指導者原理によって特徴付けられていた。議会主義と民主主義の拒否は、数十万人の会員を擁する在郷軍人会や前線兵士の団体（「鉄兜《てつかぶと》団《だん》」）に顕著であり、同様のことはほとんどの農民団体にも見られた。

とりわけ重要だったのは、共和国へ徐々に批判的になっていった企業家、とくにルール工業地帯の陣営であり、彼らは政府による社会政策の拡充や賃金をめぐる労使間の紛争への国家の介入に、激しく反発した。それゆえ彼らは、社会民主党と労働組合の影響力をそぎ、あるいは完全に排除できるような「国家改造」の道を模索していた。

工業労働者の一部も、引き続き共和国に距離を置いていた。ほとんどの人びとにとって重要だったのは、社会的地位や社会的な保護であり、国家や政府の形態には無関心だったのだ。市民層の大部分において、ヴァイマル国家への態度は依然として懐疑的であった。遅くともインフレーションを経験してから、経済や国家における自由主義は疑わしい目で見られるようになる。そしてボリシェヴィズムや革命にたいする恐怖が、社会民主党が最大勢力であった共和国にたいする拒絶的な姿勢を、さらに強めることになった。

急進右派の政治構想

こうした状況において一九二九年の世界恐慌は、一種の爆発のようなものであった。この危機はすべての工業国家に波及したが、とりわけアメリカ、そして包括的な借款協定によって、アメリカと経済的に密接に結びついていたドイツを直撃した。ドイツの国民総生産は一九二九年から三二年にかけて三分の一以上下落し、工業生産は五四％も低下した。就業人口一三〇〇万人（人口は六二〇〇万人）のうち、一九三一年には五〇〇万人以上、一九三三年初頭にはついに六〇〇万人が失業し、三〇〇万人が操業短縮による労働時間短縮を強いられた。

一九二四年以降の好景気は、今となって振り返ってみれば、インフレーションと世界恐慌のあいだの短い中断でしかないように思われた。そしてそこから、ますます多くの人びとが次のような結論を引き出すようになった。ヴァイマル共和国は、すでに以前から勢いを強めつつあった近代的な工業社会のうごきに適切に対応できないことが証明されたのであり、したがって拒絶されなければならない、と。世界恐慌を自由主義・資本主義的な秩序モデルの失敗とみなす認識はこうして世代経験となり、その影響はその後数十年にもわたって見ることができる。

これもまたドイツに限られた状況ではなかった。資本主義、世界市場、議会制民主主義は世界恐慌ののち、ほぼすべてのヨーロッパ諸国で疑問に付された。多くの中東欧、南東欧諸国では、右派権威主義体制のさまざまなバリエーションが形成されている。それらに共通していたのは、法治国家、議会主義、民主主義の拒否、そして自由主義的な経済システムと自由な世界貿易政策からの離脱である。ソ連もまた、法治国家、民主主義、市場に背を向けた独裁であった。自由主義的な国家ではなく、まさにここにこそ、社会秩序の未来のモデルがあるように思われた。

ドイツにおけるナショナリズム右派は確固とした政治ブロックというよりも、一種のミリューであった。彼らはみずからを「国民的陣営」と名付けたが、彼らを特徴付けていたのは綱領や政党というよりも、雰囲気と人である。政治集会や秘密会合、組織の創設と解散が幾度となく繰り返された。考え抜かれた政治綱領は左派にとっては重要であったが、右派にそのようなものはなかった。しかしながら、すべての、あるいはほとんどすべての集団に共有された確固たる確信や目標イメージは存在した。

急進右派の思考における中心的な参照点は「民族」であり、歴史的、文化的、そして人種的、つまり生物学的なまとまりとして理解されていた。しかしながらその「民族的実体」は、二つの要因によって危機に瀕《ひん》していると考えられた。一つは近代的な文明化プロセスという内なる要素によって、もう一つはドイツ民族と他の民族、人種との混血という、外からやってくる要素によって。彼らによれば、内外双方の危機はすでに危険水域へ達していた。その結果が、一九一八年以来ドイツで見られる内なる頽廃《たいはい》と対外的な無力感だというのだ。

そのさいに、最大の危険要因とされたのがユダヤ人であった。なぜなら彼らはすでに、ドイツ民族の奥深くにまで入り込んでいたからだ。こうしてユダヤ人は、ドイツ右派のあらゆる強迫観念の中心となった。彼らこそが戦争の敗北、革命、世界恐慌だけでなく、社会や経済、文化における急速で不安をもたらす変化プロセスの責任者だと考えられたのだ。

ヒトラー

外交面における右派のイメージは、ヴェルサイユ条約の（戦闘的な）修正と、ドイツの大国としての地位（それはかつてヴィルヘルム期に目指した世界強国としての地位以上でなければならなかった）の回復に向けられた。さらに、ドイツによって支配される領域を東方、とりわけポーランドへと拡張することも目標とされた。ここに、増大するドイツの人口の移住空間を獲得し、それによってドイツ民族における農民的要素を強化して、大都市・工業地帯の塊がもたらすよからぬ社会的影響を緩和すべしとされた。

もっともこの点において、ヒトラーの考え方は国粋主義主流派とは異なっていた（それ以外の点ではおおむね一致していたのだが）。彼にとってポーランド領の割譲は、最初の一歩に過ぎなかった。「ドイツ民族のための新たな生存圏」の獲得にさいして、「第一にただロシアとそれに従属する周辺国家が思いつかれるに過ぎない(3)」と彼は宣言した。

彼によれば、ドイツの東方への拡大は、ソ連西部にまで及ばなければならない。その背景にあったのは、一九一八年にロシアへと進撃したドイツ軍部隊の経験であった。当時のロシア政府は革命と内戦ののちに弱体化し、目の前には巨大な空間が広がっていた。ここに新たなドイツ植民地帝国が形成されなければならない、とヒトラーは考えた。

一九三〇年までの「国民的陣営」は、政治的・組織的に三つの方向性から成り立っていた。ドイツ国家国民党、国粋主義の諸団体、そして民族至上主義・人種主義的な群小政党である。この三つ目のグループにおいてナチ党が勝利を収めた原因はとりわけ、党を一つにまとめ、大衆を熱狂させることができる、傑出した指導的人物を擁する唯一の政党であった点にある。

間違いなくヒトラーは、政治面、組織面、そして弁舌の面できわめて才能があり、と同時にまったく容赦をすることのない戦後右派の人物であった。一九二三年蜂起《ほうき》ののちに短期間拘禁されたあと、彼は半分は自叙伝、半分は政治的な綱領文書である『わが闘争』を著した。そこで彼が述べている人種や生存圏についての主張は、当時の数多くのパンフレットや綱領文書で似たようなものを目にすることができる。

しかし、ほかの急進右派の著述家の誰一人として、民族至上主義グループの煽動者《せんどう》であると同時に人びとを熱狂させる大衆演説家であった者はなく、自分の考えやコンセプトへの注目を彼以上に引きつけた者はいなかった。

一一月蜂起〔ミュンヘン一揆《いっき》〕の大失敗と拘禁ののち、ヒトラーは新しい戦略に乗り出した。暴力的な権力掌握ではなく、大衆の支持を獲得し、国会選挙での勝利によって成功を得るというやり方である。その手始めとして、「近代的」で官僚的な構造を持つ党組織と準軍事組織ＳＡ〔突撃隊〕の建設を行った。行動の急進性や態度の険しさ、これ見よがしに誇示された狂信的な意志の強さ、民主主義、社会主義、自由主義、ユダヤ性にたいする妥協なき拒絶。これらがナチ党とその「総統」の特徴であった。

今日から見ればまったく滑稽《こっけい》なものに見える彼らの政治的スタイルは、当時の人びとの求める雰囲気にまさに合致していた。「総統」は見通しのきかない状況において単純さと明快さを作り出し、みずからの大義にたいする絶対的な信頼感を、支持者に伝え、政党間の利害対立からは距離を置いていた。

非の打ち所がなく、不可謬《ふかびゅう》だと考えられている個人という審級〔神、貨幣のような超越論的な他者〕を創り出すことで、社会的矛盾を止揚したいという渇望を体現したのがヒトラーであり、当時ほかにそのような政治家はいなかった。

ナチ党の躍進

しかし、ナチ党を大衆政党へと押し上げた要因は組織的な再編でも、ヒトラー崇拝でも、ましてや突撃隊による行進でもなく、一九三〇年初頭以来ますますあらゆる政治的論争や概念の中心となっていった世界恐慌による影響であった。一九二八年には二・六％の得票に過ぎなかったナチ党は、一九三〇年九月一四日の国会選挙において一八・三％を獲得し、社会民主党に次ぐ第二党となった。

この選挙における成功は、危機の深刻さと人びとの失望の表れであった。なぜなら、センセーショナルで、断固とした姿勢を見せ、市民的とは言いがたい政党に投票することで、人びとはみずからの絶望を表現することが可能となり、迅速な支援がもたらされない状況のもと、共和国の既存勢力からはっきりとした距離をとるという、断固たる姿勢を表現することもできたからだ。

今やヒトラーの政党は急進右派の最大勢力となり、比較的短期間で民族至上主義のさまざまな団体や政党、ドイツ国家国民党の一部を糾合し、自由主義の有権者も徐々に国民社会主義へと引きつけられていった。

だが、とりわけナチ党は今や、大統領ヒンデンブルクや国軍指導部を中心とする国民保守的な勢力の注目を集めるようになった。彼らは、共和国最後の二年半におけるドイツ政治に決定的な影響力を及ぼす存在であった。この勢力は社会的に、そして部分的には人的に、第一次世界大戦中、第三次最高軍司令部を支持し、親共和国派の諸政党にたいする対抗勢力として登場した人びとであった。

彼らの目標は今や、危機を利用して議会に拘束されない統治システムを確立することであり、そこでは左派自由主義政党や社会民主党、労働組合の影響力は押さえ込まれるか、完全に排除されることになっていた。

しかし今や、ヒトラーの政党という新しい要因が重要な役割を果たすようになった。一九三二年七月の国会選挙で、ナチ党は三七・四％の票を得た。共産党も一四・五％を得て、選挙の勝者であった。右翼・左翼の両党をあわせると約五二％となり、国会における絶対多数を占めることになった。これは国民の多数が、民主主義と共和国を明確に拒絶したことを示していた。

だが、ヒンデンブルク周辺の黒幕たちにとって、議会の支持を得ないままエリート支配を行うことが、ナチ党に対抗したかたちでは今や困難になったという意味では、問題であった。残されていたのは、国軍による軍事反乱の援助を受ける可能性であった。だが、そうした反乱はおそらく左派と右派にたいする内戦に繋《つな》がったであろう。しかしながら、この軍事クーデターという構想は、一九三三年一月まで議論から完全に消えることはなかった。

中央党右派の政治家フランツ・フォン・パーペンと国軍の将官クルト・フォン・シュライヒャーによる少数与党内閣がそれぞれ失敗したのち、残ったのは、ヒトラーを首班とし、国家国民党や国粋主義団体のメンバーが多数を占める政府という選択肢である。この方法ならば、ナチ党の大量の支持者を繋ぎ止めつつも、政府をコントロールでき、新たな再選挙を回避できるのではないかと考えられていた。もうすぐ世界恐慌の影響が弱まるという明確な兆候があったため、「国家改造」論者たちは再選挙をすれば共和国はふたたび強化され、とりわけ社会民主党がふたたび勢力を拡大するのではないかと恐れていた。そうした選択肢に比べれば、ヒトラーを選ぶ方が、彼らにとっては小さな悪に見えたのだ。

【第三章　註】

（1）〔訳註〕「ドイツ的価値観」に依拠して精神的再生をはかり、民族共同体を確立して、大国としてのドイツの復権を目指すという保守的な思考の一方で、第二帝政での労働者統合政策の失敗を認め、彼らの国家への統合を目指して、ナショナリズムと社会主義の融合をとなえた。

（2）〔訳註〕世紀転換期のヴァンダーフォーゲルに起源を持つ、青少年団体の潮流。その会員はあわせても五万人強と、組織された青少年の一％程度を占めるに過ぎなかったが、その影響力は強いものがあった。

（3）Adolf Hitler: Mein Kampf, München 1931, S. 742.〔平野一郎・将積茂訳『わが闘争（下）―II国家社会主義運動』、角川書店、一九七三年、三九六頁〕

第二部

第四章　ナチによる「権力掌握」

＊

国民社会主義者による権力奪取にとって決定的だったのは、とりわけ二つの要因であった。

一つは、国民保守派の指導的グループが、権威主義的で議会に拘束されないエリート独裁をつねに目指していたこと。もう一つは、ドイツ経済がふたたび崩壊したことで、ドイツ社会の多くがヴァイマルの政治体制にたいする信頼をますます失い、より急進的で前途有望な選択肢を試してみようと決心したという事実であった。こうして一九三三年一月三〇日、新政府が成立したが、そこにはナチ党員は三人しか含まれていなかった。

ヒトラーによる政府声明は、その核心において前任者と異なるものではなかった。大規模な失業状態と農業危機の克服、国家・州・市町村の関係の改革、社会政策の継続とドイツの外交上の同権の回復といったものが、本質的な基本政策である。だが権力の座に就いたヒトラーは、旧来の名望家政党の代表〔パーペン〕でも、大統領の権力に依拠した将軍〔シュライヒャー〕でもなく、近代的な「ファシズム」による大衆運動の指導者であり、そのダイナミズムが政治的変革のたえざる加速と解放を創り出していた。

そして新政府は本来、国家国民党、中央党、「鉄兜団」、ナチ党と何人かの無党派の大臣からなる連立政権であったにもかかわらず、ナチ運動はヒトラーが首相になったことを、まるで革命のように賞賛した。ここにはすでにはっきりと、ヒトラーをこの政権において「飼い慣らす」とか「封じ込める」ことができるというイメージは幻想にすぎないと判明する予兆が現れていた。事実、大統領緊急令に依拠した大統領内閣からナチによる独裁をヒトラーが創り出すのに、数ヶ月しかかからなかった。

その出発点となったのが、一九三三年三月五日に予定されていた再選挙であり、ナチ民兵による暴力の影がそこにはすでに色濃く表れていた。プロイセンの新内相ヘルマン・ゲーリングによって補助警察に任命された突撃隊や親衛隊の隊員たちは、この時期にナチの敵対者、とりわけ、あらゆる地域で苦しめられ、迫害された共産主義者にたいする暴力行為を働いた。そのさい、ある偶然がナチに味方した。選挙の一週間前に国会議事堂が放火されたのだ。事件から数時間後に、オランダ人レンガ工マリヌス・ファン・デア・リュッベが放火犯として逮捕されたが、彼による単独犯行だとは誰も信じなかった。ナチにとってこの行為は、あまりにも都合がよかったからだ。

政府はこれにたいして「議事堂炎上令(1)」を発し、あらゆる重要な基本権を無効とした。その後三月末までにおよそ二万人の共産主義者が逮捕され、刑務所ないし、いたるところに設置された「私設」の収容所へと入れられた。そこでは突撃隊が政治的な敵対者を拘束し、虐待した。

こうした状況のもとで行われた国会選挙において、ナチ党は四四％弱を獲得する一方、連立相手であるドイツ国家国民党（八％）はやや得票を失った。うち続く迫害にもかかわらず、ドイツ共産党は一二・三％を得る一方で、カトリック中央党と社会民主党は、わずかに票を失いながらも、安定したミリューであることを示した。間違いなくナチ党にとっては大勝利であり、市民層の票をほぼすべて吸収したうえに、左派からも多くの票を獲得した。

さらに、ほぼ三分の二の有権者が明らかに反体制〔反共和国〕的な政党（ナチ党、ドイツ国家国民党、ドイツ共産党）に投票した。ドイツ人の圧倒的多数は、この共和国の終焉《しゅうえん》を望んだのだ。そして、過半数をわずかに超える人びとが、ナチ党とドイツ国家国民党による右派連立政権を望んだ。しかし見逃すことができないのは、五六・一％はナチ党を選ばなかったことだ。ヒトラーの政党による単独支配という選択肢は、つまり選挙からは生じなかったのである。

ヒトラー政権は数週間のうちに、ヴァイマル共和国の憲法秩序を完全に無効化することに成功した。ナチが政権を握っていないすべての州政府を解任し、同じことは都市でも行われた。これらがきわめて迅速に、さしたる障害もほとんどなく行われた理由の一つは、敵が暴力によって、そしてまたナチのダイナミズムによって萎縮《いしゅく》させられ、弱体化させられた点にある。もう一つの理由は、合法性という見せかけが維持され、官僚の忠誠がそれによって保証されたということにあった。

多くのナチに敵対していた人びとも、ヒトラーはじきに政権運営に行き詰まって失敗するだろうから、ヒトラー政権の措置にたいする組織的な抵抗はかえって逆効果になる可能性があると考えていた。だからこそ、今は基本的には耐えるしかないのだと。そして結局のところ、共産主義者への闘いは多くの国民にも強く支持されており、ナチによる単独支配を望まない人びとでさえこれを支持していた。

ナチ支配の確立

こうして国会では社会民主党をのぞくすべての政党（中央党や自由主義政党も含め）が、「全権委任法」[2]に賛成した。欠席した、あるいはその多くがすでに逮捕されていた共産党の国会議員は「棄権」したものとみなされ、こうして〔事実上の〕改憲に必要な三分の二が確保された。これによって国会は、みずからが権限を失うことを確定させたのだ。

政府はこれ以降、みずからの判断で法律を制定し、諸外国と条約を締結できるようになった。ナチ党の機関紙『フェルキッシャー・ベオバハター〔民族の監視者〕』は勝ち誇って、「新生ドイツにたいする議会体制の降伏！」と報じた。「四年のあいだに、ヒトラーは、ドイツ救済のために必要なことをすべておこなうことができる。民族を破壊するマルクス主義者による暴力の根絶においては否定的に、新たな民族共同体の建設では肯定的に[3]」。

「民族共同体」は、国民革命で人びとの心をもっとも引きつけるカテゴリーであった。この言葉の起源は古く、一八八〇年代には工業社会の階級闘争と、宗派間の対立にたいして

「民族の一体性」を望む言葉として登場している。ヨーロッパではいたるところで社会的争いや民族集団間での闘争が起こっており、内的な分断の克服や国民的な一体性の創出を求める声は強まっていった。

ドイツでは、この分断は第一次世界大戦の敗戦以降とりわけ顕著なものとなり、「民族共同体」の創出は社会的多元性、労働者運動、政党民主主義に反対する国粋主義陣営の中心的なスローガンとなっていく。ナチによる権力掌握ののち、「民族共同体」は最終的に、国民的独裁に反対するものすべてを廃止し、あるいは排除する上で、これを正当化する用語となった。

一九三三年夏までに、ナチ党をのぞくすべての政党が解散させられるか、みずから解散する状況へと追い込まれた。労働組合は解体され、大小の圧力団体は禁止されるか、ナチによる支配を受けるようになり、すべての重要な組織は国民革命の目標と方法に沿ったかたちで（新しい権力者がそう名付けたように）「強制的画一化〔グライヒシャルトゥング〕」された。そのさい、ほとんどの団体は、それに先んじてみずから「強制的画一化」を実施し、スポーツ団体、研究所、職業保険組合[4]、青少年グループもしくは管弦楽団は、新国家に忠誠を誓った。

このようにして喧伝《けんでん》された「民族の一体性の回復」は、人びとにきわめて人気があった。もっともそれは、右派と中道においての話であり、左派に支持されたわけではないのだが。ドイツは国民的な強さを取り戻し、二〇年続いてきた経済的、社会的な継続的危機を克服できるという希望が喧伝された。

もっともこうして、民主主義における紛争を調整する利害調整のための制度やメカニズムは廃止されることとなった。それによって新国家の行政組織では、ただちに争いが生じることとなった。どの省庁、どの役所、あるいは党組織がみずからの意志を押し通せるかどうかは、その時々の偶発的な権力状況にかかっていたからだ。

この争いは、ある程度はヒトラーの傑出した地位によって調整することができた。今や決定的だったのは、それぞれの部局の提示する議論が妥当なものかどうか、圧力団体の数が多いかどうかではなく、ヒトラーへの近しさであり、ヒトラーをみずからの立場へと獲得できるかどうかが大臣やナチ党幹部、官僚の死命を決することとなった。

ヒトラーの権力

ヒトラーの権力は、三つの軸に依拠していた。一つは経済界、行政、国軍の忠誠であり、二つ目は国民の約半数の支持、三つ目はみずからの「運動」、とりわけ突撃隊がもつ破壊力であり、突撃隊はそれまでの数年間における街路闘争で重要な役割を果たしていた。彼らは一九三四年初頭までに約四〇〇万人に膨れ上がり、数の上ではナチ党よりも遥《はる》かに大きかった。

しかしながらヒトラーの権力掌握とともに、彼らへ今後どのような任務が与えられるのかがきわめて不明確なものとなった。彼らのリーダーであるエルンスト・レームは「革命の継続」を訴え、突撃隊を、ナチ党、国軍と並ぶ「新国家における第三の権力要因」にしようと考えていた(5)。この考えには、経済界、省庁の役人、国軍、さらにはとくにヒトラー自身が反発を示している。ヒトラーは「運動」内部で指導をめぐる競争相手が現れないよう、以前から嫉妬《しっと》深く気をつけていた。

その結果ヒトラーは一九三四年六月三〇日、親衛隊によって用意周到に準備された（そして国軍によって支持された）作戦を実行し、突撃隊指導者や、かつての競争相手や保守的な批判者の数々を殺害させた。犠牲者は、レームや前首相シュライヒャーなど八九名に達した。

ヒトラー個人が先頭に立って行われたこの殺害行動によって最終的に明らかになったの

は、ナチの独裁においては、法や権利によって殺害行動が阻害されることはない、ということである。同時にこの行為は、法律家によって大急ぎで合法的行為として認証され、連立相手である保守派の政治家にも好意的に受け入れられた。これによって彼らは、内閣の方針を修正しうる勢力としての力をそれ以降失った。

このことは、「レーム作戦」に参加することで殺害を幇助《ほうじょ》し、独裁者の言いなりとなった国軍に、より一層あてはまる。当然の帰結としてその年の八月二日、彼らはヒトラー個人に新たに忠誠を誓うこととなった。そこで影響力を拡大したのが、親衛隊である。彼らはハインリヒ・ヒムラーをトップとして各州の政治警察を掌握し、彼らが計画し実行した六月三〇日の殺害作戦のあとには、いよいよ勢力を拡大させていった。

大統領ヒンデンブルクもまた「レーム作戦」について、ヒトラーに祝意を述べている。そしてこれが、彼にとって最後の国事行為となった。一九三四年八月に彼が亡くなると、ヒトラーは大統領と首相の職務を統合し、これについての国民投票を実施させた。九〇％近い〔八九・九三％〕有権者が、二つの国家最高の役職の統合、およびヒトラーの「総統兼首相」への任命に関する（部分的には操作された）投票に賛成し、それによって、六月三〇日の殺害行動が正当化された。

一年半のうちに、ナチ体制は革命のあらゆる要素を内包するような、政治体制の完全な変革に成功した。実質的に、二〇年以上にわたって急進右派が目指してきた政治的、イデオロギー的目標が達成されたのだ。変革は、内政、外交政策、経済、社会、そして文化に及んだ。すべてが同時に、急速なテンポで行われたことも、それが及ぼした影響の大きな要因であった。

【第四章　註】

（1）〔訳註〕「国民と国家を防衛するための大統領緊急令」のこと。「国会を危殆《きたい》に瀕《ひん》せしめる共産党の暴力行為」から国家と国民を守るという名目のもと、人身の自由、住居不可侵、信書の秘密、言論の自由、集会の自由、結社の自由、所有権の保障などが無効とされた。

（2）〔訳註〕すべての立法権を政府に与え、そこで制定される法律は憲法に違背しうるものとされた。四年間の時限立法であったが、最終的に連合国が管理理事会法第一号でこれを無効とする一九四五年九月まで効力を有した。

（3）Völkischer Beobachter, 25.3.1933, S. 1.〔ヴォルフガング・ベンツ、斉藤寿雄訳『第三帝国の歴史——画像でたどるナチスの全貌』、現代書館、二〇一四年、二九頁の訳を参考にした〕

（4）〔訳註〕業種ごとに組織された、労災保険組合。
（5）Ernst Roehm: SA und deutsche Revolution, in: Nationalsozialistische Monatshefte 4 (Juni 1933).

第五章　迫害

＊

ドイツの小さなマイノリティであるユダヤ人が、ドイツ人の直面している問題の大部分に責任があることについて、政権掌握前のナチに疑念はなかった。確かに一九三〇年から一九三三年のあいだ、ナチ党指導部は選挙戦において、極端にユダヤ人に敵対的な非難はやや減らしていたものの、それは反ユダヤ主義的ではない有権者をも獲得することが目的であった。しかし、それまでドイツに登場したどの反ユダヤ主義グループの中でも、もっとも強力な政党であるヒトラーの政党に投票し、あるいは共感する者なら誰でも、その反ユダヤ主義は熟知していた。

ユダヤ人にたいする政策

国民社会主義の支持者のあいだでは権力掌握ののち、今やユダヤ人に断固たる態度を取ることになるだろうという、確固たる期待が存在していた。ユダヤ人自身もそれを恐れていた。彼らの多くは、一月三〇日がもつ意味を当初過小評価していたが、『ユーディッシェ・ルントシャウ〔ユダヤ展望〕』紙ではこの時期、出来事の重要性が明確に認識されている。

「国民社会主義はユダヤ人に敵対的な運動であり、綱領においても今までのあらゆる政党の中でもっともユダヤ人にたいして敵対的であり、その容赦ないユダヤ人への誹謗《ひぼう》中傷の多くは、その扇動における成功によるものである(1)」。

事実、反ユダヤ主義の凶暴さは二月初頭から国内全域で強まり、さらに国会議事堂放火事件以降は、個々のユダヤ人への暴力行為についての報告も増加した。

ナチ体制の反ユダヤ主義政策は、当初は明確な方針に基づいていたわけではなかった。ナチが一致して目指していたのは、ユダヤ人に恥辱を与え、彼らを影響力ある地位から追いやり、暴力と脅迫によって出国へと追い込むこと、そしてなにより彼らの財産を手中に収めることにあった。そこからどのような長期的な展望が生まれるのかは不明確なままであったが、ともかくその展望の見かけがどのようなものであろうと、その内容が考えられる限りもっとも急進的なものとなることは間違いなかった。

こうして、すでに初期の段階から、急進さを互いに競い合うというダイナミズムが確立されたのである。ナチによる権力掌握後、最初の数週間や数ヶ月で、ユダヤ系住民にたいする差別的な政令や特別法による規定が、怒濤《どとう》のように制定された。そのさいユダヤ人へのイニシアティブはしばしば市町村や個々の州によるものであり、官吏や団体幹部はそこで反ユダヤ主義イニシアティブの迅速さやアイディアの豊富さ、悪巧みを互いに競い合った。

差別や暴力行為の目的は、ユダヤ人を国外へと追放することであった。この戦略は有効だった。すでに一九三三年、三万七〇〇〇人のユダヤ人が出国している。一九三七年末までの出国者はあわせて一二万五〇〇〇人であり、ドイツに暮らしていたユダヤ人のおよそ四分の一に相当する。そしてナチ党の下部組織も州や国家当局も、ユダヤ人の国外追放や彼らにたいする嫌がらせをさらに強化するよう、強く求めた。

ヒトラーのイニシアティブによって一九三五年九月に大急ぎで制定されたニュルンベル

ク法は、こうした要求に応《こた》えるものであった。これによって、ユダヤ系ドイツ人の国民としての同権に終止符が打たれた。「ドイツ国公民」となれるのは以後、「ドイツ人の血をもつ」人びとに限定された。未婚のユダヤ人と非ユダヤ人の間の婚姻や性交渉は、処罰対象となった。

もっとも、この法律をもってしても、正確には誰がユダヤ人として見なされ、誰がそうではないのかという基準は依然あいまいなままであった。人種学者たちは当初、ユダヤ人の定義は、血の混ざり具合を客観的に確定させることで行うべきだと主張した。もっとも彼らはじきに、そうした方法は実際にはまったく存在しないことを冷静に認めざるをえなくなったのだが。

こうして、少なくとも三人のユダヤ人の祖父母を持つ者が「人種ユダヤ人」と見なされることになった。そのさい、祖父母がユダヤ人であるかどうかの判断基準は、ユダヤ教信徒であったかどうかであった。

ユダヤ人財産の「アーリア化」

ナチ民兵によるたえざる権利の侵害や暴力行為は、政治的に狂信的な少数者による行きすぎた行為と見なすことも可能だったが、ニュルンベルク法によって人種的反ユダヤ主義は国家による行政行為の基盤として確立し、これによって法的平等の原則との断絶が合法化された。

そのさい、経済的な側面も一定の役割を果たしていた。それは、一九世紀末に近代反ユダヤ主義が到来したさいにも、重要な意味をもっていた。ユダヤ人は、近代がもたらしたさまざまな挑戦を克服するのに、きわめて成功した人びとだと見なされた。そうした判断は根拠がなかったわけではない。

ユダヤ人の多くは比率からみて不釣り合いなほど市民層に属しており、とりわけ教養を習得することに熱心であった。また、ほとんどの宗教的・民族的少数派がそうであるように、上昇志向もきわめて強かった。一九〇一年、プロイセンのキリスト教の子どもで、国民学校〔ほぼ小中学校に相当〕よりも上の学校を卒業したのは七・三％であったが、ユダヤ系の子どもは五六・三％であった。

ドイツのユダヤ人はこの時期おそらく、ヨーロッパでもっとも成功した少数派であった。近代工業経済で、大学で、銀行で、また新たな商業ネットワークで、ユダヤ人はとくに数が多かった。この時期のユダヤ人の平均年収は、キリスト教徒のドイツ人のおよそ五倍である。

彼らのなかで宗教的意識の強くない者たちは、前近代的な伝統との結びつきをほとんど持たず、資本主義や大衆社会の新しい状況に、ほとんどのキリスト教徒のドイツ人よりもうまく適応することができた。近代経済世界の矛盾や困難さを、よくわからないやり方で自分たちよりもうまく現実に適応している小さなグループのしわざにしてしまうのは、景気や資本市場の理解しがたい動きを単純化して説明したい人びとにとっては非常に魅力的なやり方であったが、自分自身のことを反ユダヤ主義者であるとはまったく考えていない人びとも、そうした説明を信じていた。

そのさい、ユダヤ人にたいする経済的圧力は、当初から腐敗や利得、横領と分かちがたく結びついていた。密告や暴力によってユダヤ人から権利を剝奪《はくだつ》し、経済的な利益を得ようとした人びとのなかにナチ党幹部がいたことはまれではなかったが、ユダヤ人商店主のもとで働いている従業員やその競争相手、あるいは手工業者がそうしたことを行うこともしばしばであった。もっともユダヤ人の大企業にたいしては、当局やナチ党事務所も、より慎重であった。なぜならそうした企業を閉鎖すれば、多くの雇用が失われるからである。

一九三六年以降、ドイツの経済状況が目に見えて改善され始めると、彼らの自己抑制も解き放たれた。こうして大銀行や保険会社も「ドイツ経済の脱ユダヤ化」に介入するようになり、一九三八年以降は財務当局がユダヤ人財産の国家による差し押さえの中枢となった。

注目に値するのは、ユダヤ系ドイツ人の財産没収が行われたさいの「補償」というスローガンである。ユダヤ人は第一次世界大戦の前にも後にも、きちんと説明できないやり方でドイツ人から利得を得ており、要領よく、抜け目なく企業を設立して新製品を開発し、弁護士として働き、あるいは医師として成功を収めるのが彼らのやり方だというのが、この言葉に反映されているイメージであった。

だからこそ、どのみち自分たちのものだったものを今取り返すにすぎないのだという論理が、組織的な横領を正当化するために広く用いられた。これによって、経済的にユダヤ人よりもかつては劣っていた競争相手が、成功を収めていたユダヤ人の紡績会社の解体に参加し、それを二束三文で取得することが正当化されたのだ。

政治的な敵対者と「共同体の敵」の排除

あらゆる独裁がそうであるように、「第三帝国」でも政治警察の迅速な掌握が反対勢力の排除と体制権力の強化の前提であった。親衛隊がそのトップであるハインリヒ・ヒムラーとともに、諸州の政治警察を数ヶ月以内に体制の道具へと変質させた。これによってナチズムの敵を法によることなく迫害し、抑圧することが可能となる。この目的に貢献したのが強制収容所の設立であり、不安感を伴いながらも、その存在は国内で一気に知れ渡っていった。

強制収容所に収容された人びとは、当初は圧倒的にナチズムの政治的な敵対者、とりわけ共産主義者であったが、社会民主党員、労働組合員、聖職者、作家、ジャーナリスト、そしてなんらかの理由でナチに嫌われた他の人びとも含まれていた。強制収容所で亡くなった人びとは、一九三四年末までに約一二〇〇人に達している。ほとんどの政治犯が刑務所へと移送されたあと、一九三六年初頭にはおよそ三五〇〇人の強制収容所囚人が存在した。

強制収容所における残忍な暴力措置、とくにエーリヒ・ミューザム〔作家・反軍国主義者、一九一九年のミュンヘン・レーテ共和国に参画〕、カール・フォン・オシエツキー〔ジャーナリスト・平和主義者、一九三五年のノーベル平和賞受賞者〕といった著名人殺害の知らせは、西欧諸国の人びとを憤激させ、当惑させせた。そのようなやり方がまさかドイツにおいて起こるはずがないと考えられていたのだ。

だがこういった憤激においても、強制収容所の状況はまだ文明国家のカテゴリーのなかで捉《とら》えられていた。事実、ここで明るみに出た暴力行為の規模は、総体としてはこの時期の他の暴力的な体制、たとえばムッソリーニのイタリアやメタクサスのギリシアとそれほど異なるものではなかった。レーニンやスターリンのソ連は言うまでもなく。

一九三六年、政治警察は刑事警察と合体して「保安警察」となった[2]。これによって迫害は新たな段階に到達した。なぜなら、迫害対象となる犯罪的、あるいは「反社会的」な行為の原因は、今や遺伝ないし人種にあると見なされるようになったからだ。

すでに世紀転換期以降、ドイツでも他の諸国でも社会生物学的、「優生学的」イメージが広範囲に広まっており、それに関与した大学教授たちのなかでは多くの支持が見られたが、これを拒絶する人びとも存在した。そのため、それに対応する法案も、議会に提出する前の助言の域を出るものではなかった。こうした均衡は一九三三年以降ドイツで取り払われた。優生学や人種衛生学的な措置への批判者は口を封じられ、きわめて早い段階で、それまで思考の域にとどまっていたものが実行に移された。

こうして社会的な問題は、こうした問題を引き起こす張本人と見なされた人びとを除去することによって、今や解決可能であるかに思われた。「アルコール中毒患者」[3]〔アルコール依存症〕、「売春婦」、「労働忌避者」、「同性愛者」、「常習犯」は、損害を与えると見なされたその行為の原因が彼らの生まれながらの資質にある、つまり遺伝によるものと考えられたため、迫害対象となった。

同様のことは「精神病患者」にたいしても行われたが、この概念は瞬く間にその意味内容が著しく拡張されていった。この方向への第一歩が、すでに一九三三年初夏の段階に制定された「対遺伝病質子孫予防法」である。これによって、「生まれながらの知的障礙《しょうがい》」に苦しむ人びとは〔本人の同意がなくとも〕断種することが可能となった。そのさい、「医学的な意味で明白に異常であると判断しうるあらゆる心神耗弱」の人びとが知的障礙とされた。[4]一九四五年までにこの法律をもとに四〇万人以上が断種されている。

犯罪を引き起こしやすい傾向も、今やその人間の資質によるものであり、遺伝するものと見なされた。これが対象としたのは何度も犯罪を行った人間だけでなく、労働拒否者や浮浪者、あるいは素行の怪しい人びとであった。だが、逸脱的な社会行動と遺伝を結びつけようというこうした試みの中心にあったのは、「ジプシー」[5]〔シンティ・ロマ〕である。

遺伝生物学者の判断によれば、この集団は「歴史も文化もない原始人」として見なすべきであり、彼らを教育し直すことは不可能であって、せいぜい「無害」にするくらいしかできないとされた。[6]それゆえ一九三八年以降、二〇〇〇人以上の「反社会分子」として烙《らく》印《いん》を押されたドイツ、オーストリアの「ジプシー」が、国内の強制収容所へと送致された。「権力掌握」から三年。ナチの抑圧システムは重大な変化を遂げていたが、人びとがこれにはっきりと気づくことはなかったであろう。政治的な敵対者の迫害がおおむね終了したのち、ドイツ民族共同体からの「共同体の敵」の除去が体制による優先課題となった。ナチの社会概念は、平等と不平等の体系に基づいていた。

一方では、アーリア人で健康な、業績能力のあるドイツ人の「民族同胞」であれば、階級や教養、宗教、出身地域に関係なく「対等」な人間と見なされ、ナチ国家によって社会政策による支援を受けた。他方、民族的、社会的、生物学的、そしてとりわけ人種的に排除された人びとは「民族同胞」と対等の立場ではなく、法を奪われ、厚生・治安当局から排除され、追放され、もしくは生殖を阻まれたのだ。

戦争前夜、強制収容所の囚人は二万一〇〇〇人を超えていた。そのうち「政治犯」の割合は、三分の一程度に過ぎなかった。[7]

【第五章　註】

（1）Jüdische Rundschau Nr. 9, 31.1.1933, S. 1, in: Die Verfolgung und Ermordung der europäischen Juden durch das nationalsozialistische Deutschland, 1933-1945,（VEJ）, Bd. 1, München 2008, Dok. 1, S. 65-67, hier S. 65.

（2）〔訳註〕ナチ体制において警察組織は保安警察（政治的な敵対者や犯罪の捜査を担当）と通常警察の二つに分かれていた。保安警察は政治警察と刑事警察からなり、通常警察は都市や町の防衛警察、地方警察、小さな町や村の自治体警察の管理を委《ゆだ》ねられていた。

（3）〔編集部註〕「アルコール中毒患者」は今日の人権擁護の見地に照らして不適切と思われる表現ですが、本書はナチ期に迫害に用いられていた表現を批判的に検証していること、また、当時の差別的な社会状況を二度と繰り返してはならないという意図から、原文に忠実に訳出しました。

（4）以下に引用されている。Gisela Bock: Zwangssterilisation im Nationalsozialismus. Studien zur Rassenpolitik und Frauenpolitik, Opladen 1986, S. 88, S. 101.

（5）〔編集部註〕「ジプシー」についても（3）と同様です。

（6）Robert Ritter: Primitivität und Kriminalität, in: Monatsschrift für Kriminalbiologie und Strafrechtsreform, Jg. 31（1940）, S. 198-210, hier S. 200 ff.

（7）Karin Orth: Das System der nationalsozialistischen Konzentrationslager. Eine politische Organisationsgeschichte, Hamburg 1999, S. 51.

第六章　経済と社会

*

一九三三年初夏、世界恐慌による危機はすでにその峠を越えており、ドイツにおける景気もはっきりと上昇の兆しを見せ始めていた。国家による大規模な雇用創出措置を通じて失業者減少を推し進める新政府にとって、これはきわめて好都合な状況であった。

一九三四年秋までに、失業者の数は二七〇万人にまで減少していた。この急速な減少ほど、戦前におけるナチ体制の強化に貢献したものはない。その減少のかなりの部分は、ヴァイマル共和国政府による雇用創出計画によるものであったのだが、それらの成功はナチによるものとされた。

もっともこの急速な景気回復の原因は、大規模な軍備拡張にもあり、その規模とスピードは歴史的に前例のないものであった。これがドイツの「防衛能力再建」と戦争準備のためであることに、ヒトラーは内密には当初から何の疑念も抱いていなかった。強力な軍隊があってはじめてドイツは世界における影響力を拡大できるのだというのが、彼の考えであった。

しかし、最終的な目標は、「東部における新たな生存圏」の暴力的な「征服と、その容赦なきゲルマン化」でなければならなかった。[1] 軍備拡張の広がりとテンポは、じきに異常なレベルに達した。国家による軍備への支出は、一九三三年には一九億ライヒスマルクだったのが、一九三六年には一〇三億ライヒスマルク、一九三八年には一七二億ライヒスマルクにまで上昇した。これは、国家支出の七四％に相当する。[2] 他の資本主義諸国で、戦時期以外にこれほどまでに国家支出を軍備へと振り分けた国は存在しない。

もっとも、そのような支出の爆発的増加をどのように財政的にまかなったのかは、まったく明らかにされなかった。国民の体制にたいする人気の凋落《ちょうらく》を恐れていたため、増税はなんとしても避けたかった。そのかわりに国家が手をつけたのが、大規模な借款である。もっとも、（ヴェルサイユ条約で禁じられていた）大規模な軍備拡張に外国の注目が集まるのを避けるため、内密に、公式な予算の外部で行われた。戦争に勝てば、軍備拡張による負債も占領されたヨーロッパ諸国に払ってもらえるだろうというのが、ナチ指導部の計算だったのだ。

政権獲得からわずか数年ののち、ナチ体制は経済においても完全な方針転換を行い、そのさい多国間による世界貿易を放棄しただけでなく、自由主義的な、国家の介入しない市場経済のシステムも放棄した。しかしそれが成功したことによって、彼らのやり方に理があるように思われた。アメリカが依然として「大恐慌」の谷底に沈んだままである一方、ドイツの失業者数は少なく、成長率も高かった。民主主義と自由主義的な資本主義からなる西欧のシステムにたいして、ドイツにおいて確立された指導者独裁〔総統による独裁〕と国家が介入する経済の結合のほうが明らかに優れているように思われた。もっともその成功の要因は、負債によってまかなわれた軍需経済であった。これは、戦争が起きることによってはじめて割に合うものだった。

労働者層と市民層

だが、〔格差を是正するという〕あらゆる民族共同体プロパガンダにもかかわらず、ドイツ社会の構造は一九三〇年代においてほとんど変化しなかった。労働者層の割合は依然として六〇％程度であり、景気上昇によってより多く、より早く恩恵を受けた他の社会層と比べて彼らが社会的不利益を被っていた点にも、変化はなかった。

もっとも体制は、プロパガンダによって彼らを「誠実な労働者」とか「ドイツ的社会主義」と褒め称《たた》えたり、「反動」や「労働組合のボスども」や、とりわけユダヤ人にたいするルサンチマンを動員したりすることによって、社会的不平等の穴埋めをしようとした。こうした宣伝に効果がなかったわけではないが、しかしより重要だったのは、新たに行われた社会政策的な措置であった。家族支援、結婚ローン貸付金[3]、消費の可能性の拡大、一定の有給休暇を与えることの義務づけ、そして〔歓喜力行団による〕安価なパッケージ旅行の提供である。

そうした措置によって、内面ではナチ体制と距離を置いていた人びとのあいだですら、ヒトラーにたいする尊敬と賛同が広がっていった。労働者階級における雰囲気について、「ゾパーデ」といわれる亡命社会民主党のある報告者が次のように記している。

「ヒトラーについて言いたいように言うことはできるが、でも彼は頼もしい男だよ。〔…〕そういう印象がプチブル的な俗物にも、多くの労働者にも、ましてや社会主義者のあいだにもある」。

他方、それが何を目的としているのかについても、多くの人びとは完全に理解していた。ヴェストファーレンからのある報告によると、「物事を注意深く見ている人間なら、いわゆる雇用創出のすべてや景気刺激がまったくのいかさまだってことに気づいている。国家による発注っていうだけで、それ以上のものじゃない。いつか終わりが来るさ。戦争が起きないのなら(4)」。

市民層とナチズムのあいだの関係についても、矛盾がないわけではなかった。一方で、ナチは反市民的な姿勢を打ち出しており、褐色の民兵たち〔突撃隊員〕による粗野な振舞いを、企業家も教養市民層も愕然《がくぜん》としながらこれを拒絶した。厄介なカトリックの聖職者やプロテスタントの告白教会(5)のメンバーへの迫害は、多くの人びとに不人気であった。

他方でマルクス主義、ヴァイマル共和国、モデルネの文化の拒絶、そして理想化されたナショナリズムへの賛同という点で、市民層は体制と一致していた。表現主義のもっとも重要な抒情詩人《じょじょう》であるゴットフリート・ベンは、ナチ独裁への根本的な共感を、みずからの言語能力を駆使して次のように表現している。

「しかし私は個人的にはっきりと、新しい国家に味方することを言明します。なぜなら、ここでみずからの道を切り拓《ひら》いているのは、私の民族だからです。[…]大都市、工業主義、主知主義、これらはすべて、時代が私の思考の上に投げかけた影であり、これらはすべて、私が自分の作品のなかで対決してきたこの世紀の力なのです。こうしたすべての苦悩の生が消え去る瞬間があります。そこにあるのはただ、広い平原、遠方、季節、大地、単純な言葉、つまり民族だけなのです[6]」。

しかしそうしたロマン主義的な告白は、第三帝国の文化や社会に認められるパラドックスを覆い隠しているにすぎなかった。というのも、ナチズムの政治的イメージは、軍需経済のダイナミズムによってさらに加速した工業社会とモデルネの文化の浸透という状況と、徐々に矛盾を来すようになっていたからだ。

ナチの女性政策

とりわけこれが明瞭《めいりょう》になったのが、女性の役割の固定をめぐる努力においてであった。ヒトラーが書いたものや体制初期の実践では、一八九〇年代以来知られてきたような、保守的で反女性解放的なイメージが支配的だった。ヒトラーは一九三四年九月のニュルンベルク党大会で次のように述べている。

「女性解放という言葉は、ユダヤ人知識人によって発明された言葉にすぎない。[…]男が民族の戦いにおいて犠牲を払うように、女は民族の保持をめぐる戦いで犠牲を払うのだ。[…]彼女たちがこの世にもたらしたすべての子どもは一つの戦いであり、その戦いを彼女たちは民族の存亡のために耐え抜くのだ(7)」。

ここで引き合いに出されている女性や家族の理想像は、象徴的な次元で母性を称揚し、母の日を演出し、あるいは母親十字章(8)を授与することによって強調された。社会政策面では、それらの女性が人種的に価値のある存在である限りで、結婚ローン貸付金、子ども手当、とりわけ子を持つ母親のための扶助プログラムといったかたちで続けられた。

もっとも、母性を「民族共同体にたいする奉仕」としてみなすこうしたイメージは、ナチ特有の優生学や人種的な淘汰《とうた》と結びついていた。妊娠中絶には重い刑罰が待ち構えていた。求められていたのは単に子どもを産むことではなく、健康で人種的に問題のないドイツ人の子どもを産むことであった。

新聞や教科書では、人種的に価値の高い家族は遺伝的資質の劣る家族よりも生まれる子どもの数がはるかに少なく、したがってドイツ民族の実態が空洞化し、最終的には絶滅してしまうのだということが、図表をもちいて説明された。こうしたつながりがもっとも明瞭に示されたのが、ユダヤ人との性交渉の禁止である。「人種恥辱」は禁固刑や、しばしば強制収容所への収容によって処罰された。

権力掌握の直後、ナチ体制は「二重の稼ぎ」にたいするキャンペーンを開始した。これは、職業生活を続けることによって失業した男性から雇用を奪っているとされた女性を、家庭へと送り戻すことが目的である。とりわけ、よい稼ぎを得ていた職種の女性が対象となった。たとえば女性校長は呼び戻され、男性に交代させられた。女性医師、薬剤師、弁護士は差別対象となった。女性は官吏としてまったく任用されないか、三五歳になってようやく任用された。女子大生の割合は新規入学者の一〇%に制限された。

もっとも、ナチ党と政府によって強硬に推し進められたこうした傾向は、軍需経済が要請するところや、その深刻な労働力需要と矛盾するものであった。「自然に反する」と見なされた女性による工業労働にナチ党幹部がしきりに口を差し挟んだにもかかわらず、女性就業者の数は、経済的に危機的状況にあった一九三三年に一一三〇万人だったのが、開戦時には一四六〇万人へと上昇した。この時期、女性官吏の数はおよそ五%減少し、女性自営業者にいたっては一四%も減少したにもかかわらず、女性工業労働者の数は増加し、同じ時期に女性職員は約二〇〇%増加した。

開戦とともに、女性にたいするその間の制限措置は大部分が廃止された。一九三九年以前に解雇された女性官吏や学卒者、とくに女性教員や医師がふたたび雇用され、一九四三／四四年の冬学期には新規入学者のほぼ五〇％を女性が占めるまでに増加した。各方面からの反対にもかかわらず、一九四三年に女性の労働動員が義務化されると、社会的な差異があらためて公然化した。

市民層の女性は、見かけ上の雇用関係によって労働動員を免れるのが容易であったことは、市民層の家庭では戦争末期まで家事奉公人が雇い続けられた事実同様、厳しい批判にさらされた。家事奉公人は戦争末期までに八〇万人いたが、そのほぼ三分の一は女性の外国人強制労働者だった。

農業政策

農業の領域でも、そうした矛盾が表面化した。世界恐慌によって、数十年間続いてきた農業部門から工業部門への資本と労働力の移動は中断させられた。農民の一部、とくに多額の負債を抱えていた大農経営者は、農業を資本主義の市場経済から切り離して、利潤や市場とは関係なく農民の将来を保障するよう、長いこと要求してきた。こうした要求をナチは支持し、ドイツ民族の「血の源」としての農民という主張とともに、彼らを過剰なまでにイデオロギー的に賞賛している。

しかし、軍備拡張によって農業から工業へと転換する労働力が著しく増加した。工業の方が農業よりもはるかに高い賃金が得られたからだ。これは、ドイツの農業生産力を著しく向上させ、戦争になってもドイツが「封鎖に耐えられる状態」にするという、体制の目的と明確に矛盾するものであった。そうした目標を達成するため、農業部門は国家による大規模な統制を受け、価格や販路はコントロールされた。農業生産を合理化し、強化することが目的であった。

しかしこれは、喧伝《けんでん》されていたナチ特有の農業政策とは矛盾するものであった。たとえばそこでは、およそ一〇〇万の農場が「世襲農場」として分割されることなく、長男に相続されることとされた。もはや売却対象とはならず、それによって資本主義の土地市場から切り離された。たしかにこれは、世紀転換期の文明批判者やナチが抱いていた農業ロマン主義のイメージに合致するものであった。

しかしそうした措置は、体制が農業政策の目標に据えていた効率化や業績向上とは相容《い》れないものであった。ナチの農業政策担当者の計画によれば、とくに小規模農場は中期的には完全に解体されるべき存在であり、工業部門にたいする農業部門の後進性は機械化と科学的な経営によって取り戻す必要があった。

加えて戦争初期になると、東ヨーロッパにおける農業分野の近代化のため、大規模な耕地面積、徹底的な近代化、そして交通路や村落の入植地におけるインフラの完全な刷新といった、さらなる構想の進展が見られた。これらは、伝統的な土塊と結びついた、「国民の血の源」としてのドイツ農民の再生というイメージとは、もはや何ら接点のないものであった。

こうして、市民層・保守派や民族至上主義の信念と、ドイツ戦時経済の推進がもたらす影響とのあいだの緊張関係は、遅くとも軍需産業による好景気が始まる頃には、たえざる対立の焦点となった。戦時経済は、近代的な技術革新、合理化、持続的な資源利用、そして目的に沿ったエネルギーの投入を必要とした。もっともそれによって、かつてナチにとってもっとも重要であった目標を阻んだり無効にするような新しい状況がもたらされ、あるいは促進されたのではあるが。

しかしそうした矛盾は、戦争の過程でその意味を失っていった。重要なのは勝利であって、それ以外のすべては副次的な問題であった。そして戦争が終われば、イデオロギー的な原則が再び妥当するようになるのだと、人びとは自分自身に言い聞かせたのだ。

【第六章　註】

（1）ヒトラーの一九三三年二月八日閣議での発言、Akten der Reichskanzlei, Regierung Hitler 1933-1938: Die Regierung Hitler, Teil I, 1933/34, bearb. v. K. H. Minuth, Bd. I, 30.1.- 31.8.1933, Boppard 1983, S. 50 f. 一九三三年二月三日ヒトラーの陸海軍司令官にたいする発言、Josef Becker, Ruth Becker（Hg.）: Hitlers Machtergreifung 1933. Vom Machtantritt Hitlers 30. Januar 1933 bis zur Besiegelung des Einparteienstaates 14. Juli 1933, München 1983, Nr. 13, S. 40 f.

（2）Willi A. Boelcke: Die Kosten von Hitlers Krieg: Kriegsfinanzierung und finanzielles Kriegserbe in Deutschland 1933-1948, Paderborn 1985, S. 28. 以下も参照、Adam Tooze: Ökonomie der Zerstörung. Die Geschichte der Wirtschaft im Nationalsozialismus, München 2007, S. 91.〔山形浩生・森本正史訳『ナチス破壊の経済―1923-1945』（上巻）、みすず書房、二〇一九年、七五頁〕

（3）〔訳註〕妻の非就業を条件に貸与金を与え、子どもを一人産むごとに返済額を四分の一ずつ免除した。

（4）Deutschland-Berichte der Sozialdemokratischen Partei Deutschlands 1934-1940, hg. von Klaus Behnken, Frankfurt am Main 1980（Sopade-Berichte）, März 1936, S. 310; April 1936, S. 465, S. 468.

（5）〔訳註〕ナチ系のプロテスタント「ドイツ的キリスト者」の動きやユダヤ人牧師の罷免《ひめん》に反対するかたちで、マルティン・ニーメラーを中心に一九三三年に「牧師緊急同盟」が結成された。これをきっかけに、「信仰告白の非常事態」として現状を受け止めた人びとによって全国各地に告白教会がつくられ、翌年四月、ドイツ的キリスト者の帝国教会指導部を否定する「ウルム宣言」が発表された。これにより、告白教会は全国的組織となった（参照、河島幸夫『戦争と教会―ナチズムとキリスト教』、いのちのことば社、二〇一五年）。

（6）Gottfried Benn: Antwort an die literarischen Emigranten (1933), in: ders., Gesammelte Werke in 8 Bänden, hrsg. v. Dieter Wellershoff, Bd. 7, München 1975, S. 1701.〔山本尤訳「亡命文学者に答える」『ゴットフリート・ベン著作集第一巻―文明論・社会批評・自伝』、社会思想社、一九七二年、七四頁を一部改訳した〕

（7）以下に引用されている。Bernd Jürgen Wendt: Deutschland 1933-1945. Das《Dritte Reich》, Hannover 1995, S. 248.

（8）〔訳註〕子どもの多い母親を顕彰するもの。四人産むと銅、六人で銀、八人以上で金メダルが授与された。

第七章　拡張

＊

一九三四年以来強行されてきた軍拡政策には、あるリスクが含まれていた。それは西側大国、とりわけフランスがこのヴェルサイユ条約違反に圧力をかけ、場合によってはドイツ国内への進軍によってこれに対応するのではないか、というものである。それはおそらく、ナチ体制の終焉《しゅうえん》を意味したであろう。それゆえヒトラーは東にも西にも、外国の心配を宥《なだ》める政策を取り始め、自分には平和の意志があることをたえず表明して、ポーランドとすら妥協する用意があることを示した。

同時に、軍備拡張に歯止めをかけようとする試み（そうした試みがなされたなら、ドイツによる軍備拡張の規模はたちどころに露見したであろう）に抵抗するため、ドイツはジュネーブ軍縮会議と国際連盟を脱退している。これを正当化するため、改めて「再選挙」を実施することが告知され、政府の政策に関する国民投票と結びつけられた。

たしかにこの選挙で立候補できたのはただ一つの政党〔ナチ党〕だけであったが、圧倒的な賛成票は多くの外国の観察者に、一種の権威主義的民主主義という印象を与えた。意図的な条約違反と、しきりに喧伝《けんでん》された平和への意志とを結びつけるということは、これ以降何度も繰り返された。一般兵役義務〔徴兵制〕の再導入のさいもそうである。それが発表されるやいなや、そのすぐ後には英独海軍協定が締結された。この協定はドイツ側がイギリスに大幅に譲歩したものだったが、そもそもイギリスがそのような二国間協定をドイツと結んだということ自体が、ロンドンがヴェルサイユ条約の強硬路線から距離を取り始めたことの兆候であった。

次の一歩は、間違いなく、それまでもっともリスクの高い一歩であった。すなわち一九三六年三月七日、大戦終結以来非武装地帯となっていたラインラントにドイツ軍が進駐したのである。ドイツ側がフランスによる軍事的対応を恐れていたのは、根拠のないことではなかった。

それを阻むためにヒトラーは平和にたいする愛情を、手を替え品を替え喧伝し、フランスや他の東西の隣国との不可侵条約まで提案した。これはうまくいった。たしかに国際連盟による厳しい抗議や批判はじっさい見られたものの、軍事的な介入は行われなかったからだ。ヒトラーはまたもや一か八《ばち》かの政策によって、パリやロンドンのためらいがちな政府や、リスクの高いやり方を警告していた国内の批判者にたいして、みずからの目標を達成することに成功したのである。

ふたたび国会は解散され、「再選挙」が告知された。プロパガンダの動員はいままでの規模を上回るものであり、「すべてに成功した」総統の賛美はさらに徹底していた。戦争への不安を感じていた人びとは、安堵《あんど》の念と体制にたいする賛同を強めた。九八・八%の賛成が選挙結果として公表された。間違いなく操作された数字ではあるが、国民の圧倒的多数がヒトラーの外交政策を是認したことは、間違いない。

体制による大々的な自己演出が頂点に達したのが、一九三六年夏のベルリン・オリンピックであり、贅《ぜい》を尽くした豪華さと巨額の費用によって開催された。ユダヤ人に敵対的なポスターを多くの外国の観察者が目にすることはなく、彼らが見せられたのは平和を好む、満ち足りた国である。これは、ひどく傷ついていた外国における独裁のイメージを改善させることが目的であった。そして、うまくいった。
オリンピックにたいする反響も同様であった。「全世界が興奮している」とフランス大使はコメントしている。「残念ながらナチのプロパガンダは成功を収めたようだ」と、アメリカ人ジャーナリスト、ウィリアム・シャイラーは日記に記している。[1]
広がっていく一方の歓呼の声、ヒトラー崇拝、大がかりな行進、そして絶え間ないプロパガンダは、民族全体がヒトラーと彼の国家のもとに一致団結しているかのような印象を与えた。そしてこの印象こそ、まさに体制が与えようとしていたものだった。事実、一九三三年にはまだナチやドイツ国家国民党に反対していた人びとの一部も、経済や外交面で次々と成功するのを目の当たりにして、体制支持者の陣営へと鞍替《くらが》えした。
それにヴァイマル共和国、とくに労働者政党の確信的な支持者であった人びとは、ナチ民兵によるテロルで苦しんだ。彼らの組織は破壊され、行動不能の状態にあった。すでに一九三五年初頭の段階で、体制にたいする目立った政治的抵抗はもはや存在しないと、ゲシュタポは考えていた。

外交政策――さまざまなブロックの形成

ヨーロッパの政治状況は、三年も経たないうちに完全に変わっていた。そこでは、フランスやイギリスを中心とする自由民主主義的な国々に、ナチ・ドイツとファシズム・イタリアを筆頭とする右派権威主義的な独裁体制が対峙《たいじ》していた。この大陸における対立の構図が鮮明になったのは、一九三六年夏、スペインで軍部が共和国政府にたいして反乱を起こし、それが血なまぐさい、長期化する内戦へと転じたときである。

イタリアとドイツは反共和国派の反乱軍を、武器と部隊によって支援し、一方フランスも非常に遅ればせながらではあるものの、スペイン政府を支援した。やや後には、ソ連も支援に加わった。地域紛争が、新しく形成されたブロック間の代理戦争となり、問題となっているのはもはやスペインだけではなく、ヨーロッパの社会的秩序のありようであった。ここには、来たるべき戦争の予兆がすでに明確に表れていた。

もっとも、ドイツの経済的状況にますます暗い影を投げかけるようになっていたのが、加速する戦争準備であった。とりわけ問題だったのが、生ゴムや鉄鉱石、亜鉛といった、至急必要とされる原料を購入するために必要な外貨の不足である。外貨を得るためには、輸出するしかなかった。しかしそのためには、軍需生産を犠牲にするしかない。ライヒスバンク〔中央銀行〕総裁ヒャルマル・シャハトやライプツィヒ市長カール・ゲルデラーのような経済界の指導的な専門家たちはそのため、輸出を強化し、軍備拡張のテンポを弱めるよう要求した。

しかしながら、この要求をヒトラーは断固としてはねつけた。彼が一九三六年八月に述べたところによれば、ボリシェヴィズムによる脅威ゆえに、ドイツが戦争に備えることはドイツの生存に不可欠なのであって、ほかのすべてに優先するのだと。それどころか、軍備拡張はコストとは無関係に加速する必要があるのだと。さらにヒトラーによれば、外貨不足に責任があるのはユダヤ人なのであって、この点でも損害を受けることなく耐え抜かなければならないのだと。

要するに、彼の意見は次のようなものであった。「一．ドイツ軍は四年以内に動員可能な状態とならなければならない。二．ドイツ経済は四年以内に戦争が可能な状態とならなければならない(2)」。

しかしその間、潜在的な戦争相手国、とりわけイギリスとフランスも軍備強化を始めていた。そして彼らは、紛争が起こったさいにはアメリカによる支持をあてにすることができた。それゆえ中期的には、ドイツは西欧諸国に資源や生産能力で明らかに劣っていた。

だからこそヒトラーは一九三七年一一月みずからの将官たちに、一大戦争がまもなく起こらなければならない、さもなければ力関係はただちにドイツが不利になってしまうと述べたのである。

ドイツの物質的な基盤を強化するため、まずはたとえばオーストリアやチェコスロヴァキアの併合を通じてドイツの領域的基盤を拡張する必要があり、可能であれば戦争を起こさないかたちで併合を成し遂げたい、というのがヒトラーの考えであった。しかし中期的には、「ドイツの問題の解決には暴力という方法しか存在しない」だろうと考えていた。(3)

オーストリア「合邦」とミュンヘン協定

この論理に従ったのが、一九三八年三月のオーストリアへのドイツの進軍であった。そのさいドイツは、膨大な金、外貨、原料を収奪し、工業生産や労働力、兵員におけるみずからのキャパシティを著しく拡張させることができた。この一撃においても、心配に満ちた緊張感のあとに勝ち誇った熱狂がやってくるという、いつものパターンが繰り返されている。

一九三八年四月一〇日のオーストリアにおける国民投票は、九九・七%の賛成票を得た。

オーストリア人の耳をつんざくような歓喜の声に感銘を受けた西側大国は、ドイツへの「合邦」を躊躇《ちゅうちょ》なく承認した。ドイツのさらなる拡張にたいして英仏が抵抗するということは、明らかに期待できなかった。むしろとくにイギリスにおいては、ドイツの拡張計画を宥める政策（「宥和《ゆうわ》」）が支配的になった。新たな戦争を防ぐために、可能な限りヒトラーに譲歩しようとしたのだ。

だが急いでいたヒトラーは勝利に浸る間もなく、ウィーンで国防軍に、ただちにチェコスロヴァキア西部への進軍を準備するよう命じた。その口実となったのが、チェコスロヴァキアで「ズデーテン・ドイツ人」の少数派が抑圧されているという主張である。

しかしながら、ドイツの圧力にたいしてチェコスロヴァキア政府は一九三八年五月二〇日、動員令をもってこれに応《こた》えた。さらにそれに続いて、同盟パートナーであるイギリス、フランス、ソ連がチェコスロヴァキアを援助することを宣言したため、ドイツは引き下がった。とりわけ自制を勧めたのが、国防軍指導部〔一九三五年に国防軍へと改名〕であった。現時点では戦争に勝利することはできない、というのが彼らの見解であった。

それにたいしてヒトラーは、さらに待つことによってドイツの戦略的状況はますます悪化するばかりであると確信していた。九月に「ズデーテンラント」で騒擾《そうじょう》が勃発《ぼっぱつ》すると、ドイツの独裁者は改めてチェコスロヴァキア政府に暴力による脅迫を行った。その後、情勢は先鋭化していく。チェコスロヴァキアが動員を行い、フランスは予備役を召集し、イギリスは艦隊の戦闘準備を整えた。ヨーロッパは戦争の瀬戸際に立っていた。そして今回は、ドイツも引き下がらなかった。

一方イギリスは、一九三八年九月二九日のミュンヘンにおける会談で、イタリアの支持を受けるドイツの要求に屈し、ドイツ系住民が多数派を占めるチェコの領域〔ズデーテン地方〕のドイツへの編入に同意することを宣言した。二日後、チェコ軍が撤退した地域を国防軍が占領した。戦闘を行うことなく、約三万平方メートルの領土と三五〇万人以上の住民、そして重要な工業地帯と工業原料を手に入れたのである。

たしかにパリでもロンドンでも、平和が救われたことへの安堵の念は大きかった。しかしイギリスはミュンヘン協定によって、同盟国に保護を供与する国家としての信用を著しく損ない、宥和政策にたいする国内での批判もきわめて強かったため、ドイツにたいするイギリス側からのさらなる譲歩を計算することは不可能になった。もっとも西側大国はドイツ、イタリアとのミュンヘン協定を単独で、すなわちソ連を除外したかたちで交渉して締結した。これがもたらした結果は甚大なものである。なぜなら、それ以降ソ連指導部は、西側大国は紛争が起きてもヒトラー・ドイツと折り合いをつけ、ソ連に対抗する協力関係を築くのではないかと、猜疑心《さいぎ》を抱くようになったからだ。

ミュンヘンの成功にドイツ国内では、不安に満ちた緊張感から安堵の歓喜への転換というつものパターンが再び見られたが、戦争への熱狂が国民のあいだで見られることはなかった。ナチ指導部は、自分たちがすすめる戦争政策がドイツ国民のあいだで確固たる支持を得られないことを認識した。ドイツ人は戦争を望んではいなかったのだ。

そのため体制は、国民の「雰囲気や態度」への監視を強化することにした。抑圧によってであれ、社会政策的な配慮によってであれ、人びとの不満や苦境に迅速に対応することがその目的であった。一九一八年一一月の労働者によるストライキは、いまだ生々しい記憶であった。

一九三八年一一月のポグロム

外交にもたらす影響を考慮し、体制はオリンピック期間中、ユダヤ人にたいする政策を一時的に取りやめた。しかしその後は反ユダヤ主義キャンペーンが再び強化され、一九三八年三月にオーストリアでユダヤ人から荒っぽく公民権を剥奪《はくだつ》し苦境に追い込んでからは、キャンペーンはさらにその過激さを増していった。次第に「経済におけるユダヤ人問題の解決」こそが、ナチにとって重要な問題となっていった。

もっともユダヤ人政策における体制の目標は、それ自体矛盾含みであった。ユダヤ人の国外移住が促進される一方で、空っぽの国庫を充塡《じゅうてん》するため、ユダヤ人はドイツに自分の財産を置いていかなければならなかったのだ。しかし、ユダヤ人がそもそも他国から受け入れられるための十分な資金が手元になければ、国外移住は不可能であった。それでもドイツ当局は、ユダヤ人に国外移住を促すためのさらなる迫害と差別を強化すると同時に、ユダヤ人の財産を手に入れるために「アーリア化」を強化したため、国外移住は停滞を来すようになった。

そのうえ、一九三八年夏にエヴィアンで開かれた国際会議では、ドイツからのユダヤ人難民を受け入れる用意がほとんどどの国にもないことが明らかになったし、アメリカはドイツからの移民割り当てを一度たりとも増やさなかった。ほとんどの国々は、ドイツからの難民に国境を完全に閉ざしていた。

こうして一九三八年秋の時点では、これ以降ドイツがどのようなユダヤ人政策を行うのかは不透明な状況であった。しかしながらその数日後、このテーマは予期せぬかたちで現実のものとなった。一一月七日、パリでドイツ人外交官エルンスト・エドゥアルト・フォム・ラートがあるポーランド系ユダヤ人の青年によって銃撃され、二日後に亡くなったのである。

この夜、ヒトラーと宣伝大臣ヨーゼフ・ゲッベルスは、一九二三年一一月九日のヒトラー蜂起《ほうき》記念日の祝典のため、数多くのナチ党員たちとともにミュンヘンに集まっていた。フォム・ラートの死の知らせが舞い込んでくると、彼らはすべてのナチ党組織にたいし、遅滞なく「全員が自分の思うがままに行動できるような、ユダヤ人にたいする最大規模の作戦が開始されなければならない」と命じた。その作戦は、「ユダヤ人財産のそれ相応の破壊をもって終わることになる」と。(4)

そのような指図を与えられて、ドイツ各地では突撃隊員やナチ党員が集まり、その夜のうちにユダヤ人商店の略奪、ユダヤ人の家屋の破壊、シナゴーグへの放火を開始した。多くの都市では、こうした行動は通行人による支援を受け、かなりの場所では消防隊がシナゴーグへの放火に専門家として手助けを行った。このポグロム〔ユダヤ人にたいする集団的な暴力行為〕では一〇〇人以上のユダヤ人が命を失った。

たしかに、ナチ・プロパガンダはこの出来事全体を「民族の憤激の表れ」として特徴付けたけれども、現地のナチ党事務所のほとんどが報告するところによれば、この作戦にたいして人びとは理解を示さなかったか、あるいは拒否反応を示していた。ビーレフェルトからの報告によれば、「住民の大部分はユダヤ人にたいする作戦に理解を示しておらず、そのような行為が文化国家において起こるべきではないと指摘して、これを批判している(5)」。

外国の観察者も、ここで明るみに出た暴力の規模には驚愕《きょうがく》している。アメリカは大使をベルリンから召還し、ベルリンにいたフランスの代理公使は次のように予測している。「ナチ的倫理には暴力行為と残虐さが潜んでいる。ドイツは剣の掟《おきて》によって敵を屈服させようとしているが、そうした暴力行為や残虐さゆえに、ドイツはその掟によって自分自身が裁かれることになるだろう(6)」。

それにもかかわらず、ナチ党や当局は作戦に満足していないわけではなかった。この作戦は、反ユダヤ主義政策を著しく急進化させる機会を提供するものだった。ユダヤ人には「賠償履行」の支払いとして一〇億ライヒスマルクという法外な額が課され、財務当局はユダヤ人大企業の「アーリア化」を開始した。だがとりわけ、体制による反ユダヤ主義政策はこれ以降、ハイドリヒの保安警察によって調整が行われるようになっていった。

保安警察は、ユダヤ人に「国外移住への自発的な意志」を強要するため、ポグロムの直後、三万人のユダヤ人男性を数週間にわたって強制収容所へと送った。ダッハウ強制収容所だけで、一一月以降の数週間で送られた人びとのうち一八五人が亡くなっている。これは「第三帝国」においても、それまではなかったような新しい次元であった。一九三九年一月、ユダヤ人の国外移住を加速するため、保安警察は「ユダヤ人国外移住中央本部」を設立した。

遅くともこの時期には、自分の命が危機に瀕《ひん》していることが、ほとんどのユダヤ人には明白となっていた。そしてこの恐怖感によって、その後の数ヶ月国外移住の数は急激に増加した。しかしながら、国外移住を決断したのはほとんどが若いユダヤ人であった。ドイツにとどまった人びとの四分の三は、四〇歳を超えていた。一九三九年夏の時点で、まだ約二〇万人のユダヤ人がドイツに居住していた。

一一月九日がもたらした政治的影響は広範囲に及ぶ。それは外国において人びとがこれに憤激したということだけではない。襲撃、放火、略奪、殺害が衆人環視のもと行われ、ドイツにいる人びとはこれ以降、ユダヤ人迫害について何も知らなかったと主張することができなくなった。

さらにナチの指導者たちは、ユダヤ人の破滅や絶滅という脅迫や予告を互いに競い合っていた。国家の経済的中枢である「四カ年計画」庁長官のヘルマン・ゲーリングは、たとえば次のように予告している。

「ドイツ帝国が近い将来外交問題で紛争に巻き込まれるとしたら、われわれドイツにいる人間はまず、ユダヤ人と徹底的に決着をつけることを何よりも第一に考えるだろうことは自明だ(7)」。

これが意味していたのは、それまでの国家による迫害や差別以上のものであった。そのように指導者たちが言葉の上での過激さを競い合うことで、公の場で考えてもいいこと、言ってもいいことの範囲が拡張され、支持者の期待も煽《あお》られた。

これがもっとも明瞭《めいりょう》になったのが、一九三九年一月三〇日にヒトラー自身が行った演説である。ここで彼は、みずからの体制による反ユダヤ主義政策の原則と目標を説明した。ユダヤ人はヨーロッパから追放され、世界のどこかに移住させなければならないと、彼は宣言した。彼によれば、これが実行できなければ、ヨーロッパは「遅かれ早かれ、想像もできないような規模の危機に瀕することになる」。なぜなら「もしヨーロッパ内外の国際金融ユダヤ人が、諸国民をふたたび世界戦争へと突き落とすことに成功するようなことがあれば、その帰結は全世界のボリシェヴィキ化とユダヤ人の勝利ではなく、ヨーロッパのユダヤ人種の絶滅に終わるだろう」からだ(8)。

この「予言」を彼はそののち再び何度も引用することになるが、ここにはユダヤ人にたいする彼の政策の視点がはっきりと表れている。今後彼がどのように行動するかが、この時点ですでに彼自身分かっていたということではない。彼が計画していた戦争の規模やそれがもたらす結末は、一九三九年初頭の時点ではまだ予測することは不可能であった。しかしこれ以降、ユダヤ人について何かを口にするいかなるナチ幹部も、「ヨーロッパにおけるユダヤ人種の絶滅」という概念から引き返すことはできなくなった。

【第七章　註】

（1）André François-Poncet: Als Botschafter in Berlin 1931-1938, Mainz 1947, S. 267; William L. Shirer: Berliner Tagebuch. Aufzeichnungen 1934-1941, hg. von Jürgen Schebera, Leipzig, Weimar 1991, S. 68.〔大久保和郎・大島かおり訳『ベルリン日記― 1934-40』、筑摩書房、一九七七年、五七頁〕

（2）Herbert Michaelis, Ernst Schraepler（Hg.）: Ursachen und Folgen. Vom deutschen Zusammenbruch 1918 und

1945 bis zur staatlichen Neuordnung Deutschlands in der Gegenwart, 26 Bde., Berlin 1958-1979, Bd. 10, S. 534-542.

（3） Hoßbach-Protokoll, 5.11.1937, ebd., Bd. 11, S. 545-556, hier S. 549. 文中の省略は明記していない。

（4） Notiz des Gauleiters von Wien, Globocnik, über die Anweisung durch Goebbels, undat., in: VEJ, Bd. 2, Dok. 133, S. 385-387.

（5） Antworten auf die Rundverfügung der Stapostelle Bielefeld, 14.11.1938, in: Otto D. Kulka, Eberhard Jäckel (Hg.): Die Juden in den geheimen NS- Stimmungsberichten 1933-1945, Düsseldorf 2004, Nr. 357-370, S. 313-324.

（6） Bericht des französischen Geschäftsträgers in Berlin an den französischen Außenminister, 15.11.1938, in: VEJ, Bd. 2, Dok. 156, S. 457-461, hier S. 460.

（7） 1 Göring bei der Konferenz im Reichsluftfahrtministerium über die wirtschaftlichen Folgen der Pogrome am 12.11.1938, VEJ, Bd. 2, Dok. 146, S. 408-437, Zit. S. 436.

（8） Hitler vor dem Großdeutschen Reichstag, IV Wahlperiode 1. Sitzung, vom 30.1.1939, in: VEJ, Bd. 2, Dok. 248, S. 678-680, hier S. 680.

第八章　戦争への道

＊

「ズデーテンラント」がドイツ本国へと編入されたあと、ドイツの関心はチェコスロヴァキア、ないし、ミュンヘン会談以降も併合されずに残されていた地域へと向けられた。この国を不安定化させるため、ドイツ政府はスロヴァキアの分離独立運動を支援している。この運動はドイツの要求に応じ、最終的にチェコ人地域からの分離と独立を宣言した。

騒擾《そうじょう》を鎮圧するためにチェコ政府が部隊を派遣すると、ヒトラーはこうして作られた不安定な状況を利用して、ベルリンを訪問していたチェコ大統領エミル・ハーハに強い圧力を加えた。その結果彼は、ドイツにたいする援助を公式に要請し、みずからの国家を「ドイツ帝国総統の手に信頼を持って」委《ゆだ》ねることを容認した(1)。

一九三九年三月一五日、国防軍はプラハに進軍し、「残部チェコ」は「ベーメン・メーレン保護領」としてドイツの従属地域となることが宣せられ、一方スロヴァキアは自立した国家となったものの、ドイツに従属する状態となった。

ドイツはこうして、さらに巨大な経済的・軍事的な力を得た。ただ、ラインラントやオーストリア、「ズデーテンラント」はドイツ人が圧倒的多数を占める地域であったのにたいし、「チェコ」への進軍はいかなる国民政治的な正当化も不可能であり、好戦的な行為に他ならなかった。イギリスやフランスも、ドイツが好戦的な意図を抱いていることには何の幻想も抱いておらず、宥和《ゆうわ》政策を継続させることはもはやありえなかった。

ポーランドがドイツ拡張政策の次のターゲットになるであろうことは、予測できた。このときすでにドイツは、とくに都市ダンツィヒの地位(2)をめぐる争いを先鋭化させていた。それへの対応として、イギリスとフランスはドイツ軍によるプラハ進軍の直後、ポーランドが攻撃を受けたさいにはポーランドを軍事的に援助するという保障を宣言した。

それにもかかわらず、ヒトラーは国防軍指導部に、ポーランドへの侵攻の準備をただちに開始するよう命じた。もっともベルリン中枢の人びとは、予期されるポーランドへの戦争は迅速に勝利することは可能であり、英仏両国が介入することもないだろうと考えていた。ヒトラーは、ミュンヘン会談での経験から、両国首脳はリスクを恐れ臆病《おくびょう》であると判断していたのだ。

しかしながら、ソ連がどのような態度を見せるかは不透明であった。イギリスとドイツの外交官は一九三九年夏、ソ連をみずからの側に引き込もうと懸命であった。もっとも、イギリスはロシア内戦において一九一七年以降反革命軍を軍事的に強く支持しており、ソ連政府もミュンヘン協定を経験したあとは、フランスとイギリスは自分たちに有利な状況になればヒトラー・ドイツと協力し、ソ連を攻撃するだろうと確信していた。一方スターリンは、ヒトラーと同盟を結ぶことによって、そうしたヨーロッパ列強のソ連にたいする統一戦線を分断させることができた。

一九三九年夏に大急ぎで進められた外交交渉で、ソ連側により多くのものを提供できたのは、英仏ではなくドイツであった。すなわち、ポーランドを両国で分割することを提案したのである。ポーランド西部はドイツに、東部とバルト諸国はソ連のものとなることになった。一九三九年八月二四日、ヒトラー・スターリン条約として歴史に名を残す同盟が締結された。公式には不可侵条約だが、秘密追加議定書では領土に関する取り決めが明記されており、その存在はロシアではソ連崩壊後の一九九一年になって初めて確認された。この「不自然」な同盟には、世界中の共産主義者だけでなく、ドイツ国内のナチも驚愕《きょうがく》したが、最終的には仇敵《きゅうてき》と手を結ぶことになる。権力政治という点では、この条約には一定の論理があった。ドイツはポーランド西部、ソ連は東部とバルト諸国を占領することで、両国ともにみずからの権力基盤を拡張することができた。

スターリンは、軍備を拡張し、英仏もしくはドイツへの戦争を準備するための時間を得た。それにたいしてヒトラーは、第一次世界大戦でドイツ軍にあまりにも重い負担を強いた、イギリス・フランス・ロシアの三大国にたいする二正面戦争を避けることができたのだ。

一九一四年のヨーロッパには、戦争を引き起こそうとする、より正確に言えば戦争を防ごうとはしない、多くのアクターがいた。そこで、ドイツ人はたしかに重要な役割を果たしはしたものの、ドイツ人だけが決定的な役割を果たしたわけではない。一方、一九三九年は、ナチ・ドイツ、とくに独裁者ヒトラーがこの戦争を絶対的に望んだということは、疑いようがなかった。その目的は、第一次世界大戦の結果を暴力によって修正し、大陸ヨーロッパにおけるドイツの支配を手に入れ、東欧・南東欧において後背地としての植民地を獲得し、ドイツの世界強国としての地位を確立することにあった。

【第八章　註】

（1）Abkommen Hitler-Hácha, 14.3.1939, in: Akten zur deutschen auswärtigen Politik（ADAP）: 1918-1945, Serie D: 1937-1941, Bd. 4, Baden-Baden 1956, Nr. 229.

（2）〔訳註〕バルト海に面した港湾都市ダンツィヒ（現ポーランド領グダニスク）は、第一次世界大戦まではドイツ領だったが、ヴェルサイユ条約により国際連盟管理下の自由市という地位を与えられ、ドイツ・ポーランドいずれの国にも属さなかった。

第三部

第九章　戦争の第一段階——一九三九～四一年

＊

一九三九年九月一日、国防軍はポーランドを攻撃した。その二日後、フランスとイギリスが宣戦布告を行うと、ドイツ・ポーランド間の国境紛争は一大戦争へと発展した。オーストリアやチェコでのような、無血の週末の一撃では終わらなかったのだ。ドイツ軍は並外れた非情さをもって行動した。

すでにスペイン内戦のように、空軍が大都市へ組織的な攻撃を行い、民間人に莫大《ばくだい》な犠牲者が生じた。ドイツ側では、四週間足らずの戦闘行為で一万人が亡くなる一方、ポーランド側の死者は六万六〇〇〇人に達した。四週間後、絶望的な戦いを強いられて劣勢だったポーランド軍は、敗北した。

フランスとイギリスは条約によって義務づけられていたにもかかわらず、ポーランドへの支援を行わなかった。ドイツ軍の優勢を前にして、介入は成功の見通しがあまりにも欠けているように思われたのだ。さらに、両国には軍備増強のための時間が必要だった。ドイツ軍による攻撃の二週間後、赤軍が侵攻し、ドイツとの合意に基づいてポーランド東部を占領。国防軍が占領した西部同様、国土を暴力がおそった。開戦前にポーランドに住んでいた三五〇〇万人の人びとのうち、一九四五年までに六分の一が命を失っている。これは第二次世界大戦での死者の住民比率では、ほかのどの国よりも多い。

しかしベルリン中枢で、イギリスとフランスはいずれ譲歩して、ポーランドを犠牲にしてドイツと協定を結ぶだろうと考えていた人びとは、思い違いをしていた。ポーランドにおけるドイツ人の残虐な振る舞いは、とりわけイギリスにおいて抗戦への意志を強化させた。しかし、西部での戦争が始まるまでには、さらにほぼ九ヶ月かかった。ヒトラーは攻撃の期日を再三にわたって延期したが、依然としてイギリスとの妥協成立に望みをかけていた。そのうえドイツ側は長期戦をまだ準備しておらず、国防軍は一大戦争はようやく一九四二年ないし四三年に始まるものとして計画を立てていた。

ドイツの人びとの開戦にたいする反応は、熱狂的というよりも陰鬱《いんうつ》なものだった。「戦争勃発《ぼっぱつ》にさいして、全体的にはひどい不安感が支配的である」と、南西ドイツの亡命社会民主党（「ゾパーデ」）情報部のある観察者は記している。

「批判的な考えの持ち主でも、ドイツが戦争に勝利できる機会がどれだけあるかについての判断が難しいという。ヒトラーは今までつねに成功を収めてきたし、今回状況がどのように推移するかわからないのだという」。

しかし勝利の知らせが増えてくると、以前の軍事的冒険のさいと同様、自信が強まっていった。

「今や人びとは戦争をもはや恐れていない。今やそれほど状況は恐ろしいものではないように思われる［…］。おそらく、やはりわれわれは勝利することになるだろう(1)」。

西部での勝利

戦争がヨーロッパ西部、そして北部で始まったことには、とりわけ経済的・戦略的な理由があった。ドイツは工業原料のかなりの部分、とくに鉄鉱石需要のほぼ半分をスウェーデンからの輸入に頼っており、それはノルウェーの港を通じて船で運ばれていた。この生命線とも言えるルートをイギリス軍から守るため、国防軍は四月九日にノルウェーに（そしてそれよりも前にデンマークに）侵攻した。ここでイギリス軍とフランス軍は激しい抵抗を行ったが、五月一〇日にドイツがフランス、オランダ、ルクセンブルク、ベルギーにたいする戦争を開始すると、撤退した。

ベネルクス諸国は数日間で蹂躙《じゅうりん》された。しかしフランスへの攻撃については、ドイツ軍部隊は第一次世界大戦とは異なり、そしてフランス側の予想とも異なり、北側から、つまりベルギー経由ではなく、ドイツの南西側からアルデンヌの森を迅速に突破することによって行った。フランス軍部隊を驚愕《きょうがく》させ、短期間で勝利することが目標であった。そして、これが成功した。すでに五月二〇日、ドイツ軍部隊はドーバー海峡に到達している。もっともイギリス軍は、突進してくるドイツ軍にたいし、すでに打撃を受けていた派遣軍を、ドーバー海峡を渡って救出することに成功した。一方でフランス軍は壊滅的な打撃を受けた。三五万人の兵士が亡くなるか負傷し、およそ二〇〇万人が捕虜となった。ドイツ側では死者が約三万五〇〇〇人、負傷者は一〇万人以上であった。

フランス、ベルギー、オランダ、ルクセンブルク、デンマーク、ノルウェーがドイツの手に落ちた。ドイツ軍は大西洋《たいせいよう》からブク川（現在はウクライナ・ベラルーシとポーランドの国境にある川〕、ビアリッツ〔フランス南西部の港湾都市〕からナルヴィク〔ノルウェー北東部の都市〕までのヨーロッパを支配するにいたった。

今やドイツ国内での歓喜と安堵《あんど》は、ほとんど無限であった。一九一八年のトラウマは克服された。自分たちの総統の行動力と優れた才能へのドイツ国民の信頼がこれほど強かったことは、フランスにたいする勝利の後にも先にもない。アウクスブルクからの報告には、次のようにある。「国民全体が今や総統にたいする心からの信頼に満たされており、おそらくこのような規模の信頼はいまだかつてなかったものだ。この偉大さを前にして、小心者もあら探しをする者たちもみな沈黙している(2)」。

軍部もまた、ヒトラーの戦略家としての才能に完全に驚嘆していた。もっともヒトラーは、アルデンヌ経由の攻撃を将官の大多数の見解を押し切って行ったのであるが。国防軍最高司令部（ＯＫＷ）長官ヴィルヘルム・カイテルは、将校団のなかでつねに嘲笑《ちょうしょう》されていた第一次世界大戦の上等兵が今や、「歴史上もっとも偉大な最高司令官」になったと宣言し、これによって「総統」にたいする国防軍指導部の完全な服従を表現した。

戦時財政

だがフランスにたいする勝利後のあらゆる歓喜にもかかわらず、ドイツ国民にとっては社会問題が戦争中であっても重要であった。ドイツ人の主たる関心は戦場からの報告にくわえ、食糧問題であった。というのも、第一次世界大戦での飢餓の冬の記憶がまだ生々しかったからだ。

あるゾパーデ報告者は一九四〇年一月、つぎのような皮肉たっぷりの確信が見られたことを報告している。「この戦争は前の戦争ほど長く続かないよ。だって、もう今の時点ですでに食うものがないんだから」(3)。開戦時に始まっていた基本的食糧の配給に加え、ただちに繊維製品やほかの消費財も配給対象となったことは、人びとの強い不安を招いた。戦争期間全体を通して生活水準をあまり低下させないことが、体制指導部の主たる関心事であった。

開戦と同時に政府は、賃金削減と労働時間延長を命じている。この措置もまた労働者のあいだで強い不満を引き起こした。労働者の「怠惰さ」や不満の増加についてしきりに報告されるようになった。こうしたやり方では労働者の支持、少なくとも中立を失うのではないかという不安から、体制は賃金削減をすぐに撤回している。全面的な増税も、体制は断念した。たしかに一九三九年九月四日以降、戦時五〇％増し課税が定められたが、これは年収二四〇〇ライヒスマルクを超える場合のみであって、国民の下位六〇％はこれに該当しなかった。

こうして、賃金は削減されず税金も増えなかったので、ドイツ人は高い購買力を手にすることになった。だがほとんどすべてが配給制となっており、現金を持っていても買うものがなかったため、貯蓄に回される割合が増えていった。体制は、一九四一年だけで一四〇億ライヒスマルクに達したこの巨額の貯蓄を戦争の財源に利用した。

この「目立たない戦時資金調達」という形態は、体制にとってきわめて好都合であった。直接の負担を急激に増加させる必要もなく、戦時資金調達という問題が公になることもなかった。なぜなら、みずからの貯金が直接戦時資金調達に利用されていることを、ほとんどのドイツ人は知らなかったからだ。むしろ貯蓄額がつねに増加していることは、戦後のよりよい生活を約束しているように思われた。ドイツが勝利を続ける限りの話ではあるが。そして、その点で国民と指導部の利害は一致していた。

終戦時にドイツは四五一七億ライヒスマルクの負債を抱えており、市民がその負債を支払わねばならなかった。一九四八年の通貨改革では一〇対一の交換比率で新通貨に充てられたため、個人貯金の九〇％がその価値を失い、これによって戦時資金調達のために膨らんでいった負債が清算された。これは資本主義国家の歴史上、もっとも大規模な財産没収である。

対ソ戦の決定

一九四〇年夏、ドイツと対峙《たいじ》していたのはイギリスだけであった。それでも、ヒトラーがイメージしていた「安上がりな和平」、つまりイギリスには帝国を、ドイツには大陸をという妥協案を受け入れる用意はイギリスにはなかった。それゆえ、ドイツが今後どのような方針をとるのかは不明瞭《ふめいりょう》であった。

イギリス本土への上陸作戦は軍事的には並外れてリスクが高く、それゆえ最終的に却下された。その代わり、激しい空襲によって弱体化させ、国民の士気をそぐこととされた。事実イギリスの大都市にたいするドイツの空襲は、深刻な損害を与えた。だが、著しい破壊と二万人以上の死者にもかかわらず、イギリスの士気と軍需生産にさしたる損害を与えることはできなかった。

そして、ドイツのプロパガンダによって大々的に喧伝《けんでん》された「英国空中戦」はイギリス軍の勝利をもって終わり、イギリス軍は今やドイツ諸都市への空爆を開始するにいたる。

イギリスをこうした方法〔空襲〕で屈服に追い込むというドイツ軍の目標は、達成されなかった。

今やドイツの方が時間との戦いを強く迫られていた。アメリカが参戦する前に（一九四一年秋くらいと計算されていた）、イギリスを負かさなければならなかった。可能性は二つあった。一つは、地中海《ちちゅうかい》、北アフリカ、スエズ運河、そして中東にあるイギリスの拠点を攻撃することでイギリス軍に勝利することだったが、非常に時間がかかることが予想され、しかもそこで勝てる保証もなかった。もう一つが、ソ連への攻撃である。ここでは数ヶ月での迅速な勝利をドイツの指導部は計算していた。

多大な損害が出ると予想されるイギリス上陸の代わりに、この方法によってイギリス軍指導部から戦争のさらなる継続への希望を奪うことが目的であった。それによってアメリカは参戦を思いとどまるだろうと、ヒトラーは考えたのだ。

たしかに、この時点でのソ連への攻撃は二正面作戦を意味するものではあり、第一次世界大戦の経験を考えれば、なんとしても避けたいものではあった。しかしソ連にたいする戦争は、ヒトラーの基本的な政治的信念と一致するものでもあった。彼は、東部における「生存圏」をめぐる戦い、ソ連の破壊とそこでの「ユダヤ人支配」の終結を、みずからの外交目標の核心として前々から喧伝していた。一九四〇年一二月一八日、彼はついに攻撃準備を命じる。「ドイツ国防軍は、イギリスにたいする戦争が終結する前であっても、ソ連を迅速な作戦行動で打ち負かすための準備を整えなくてはならない（バルバロッサ一件）[4]」。

ソ連を短期間で打ち負かすことができるというドイツ指導部の楽観的な計算は、完全に不適切というわけではなかった。一九三七年から三八年にかけて、スターリンの秘密警察によって軍事指導部の大部分が殺害され、一九三九年から四〇年にかけてのいわゆる「冬戦争」で、ソ連よりも遥《はる》かに小国であるフィンランドに嘆かわしい敗北を喫してからというもの、世界中の軍事専門家の大部分は、赤軍がドイツ軍に長期間抵抗することは不可能だと確信していたからだ。

たしかに、ドイツ指導部は自分たちの可能性を著しく過大評価していた。さらにフランスへの勝利後、ヒトラーと国防軍は自分たちが無敵であると、錯覚していた。どんな計画でも大きすぎることはなく、どんな目標でも空想に過ぎることはなく、どんな敵であっても強すぎることはないように思われたのだ。

計画では、一九四一年五月中旬に攻撃の予定だった。それが著しく遅延したのは、バルカン半島の状況が原因である。一九四一年三月、親独的なユーゴスラヴィア指導部が国粋主義的なセルビア人の将校たちによって転覆させられ、彼らは親西欧的な政権を樹立した。さらに、ギリシアを征服しよう（そして、地中海帝国という目標に近づこう）というイタリア軍の試みが、ギリシア軍とイギリス軍部隊の抵抗に遭って失敗した。

計画していたソ連への戦争のさなかに南方から攻撃されるのを防ぐため、ヒトラーは国防軍をユーゴスラヴィアとギリシアに進軍させた。この新たな一撃は、無敵の国防軍という名声を改めて強化した。もっともドイツ軍部隊はそれ以降も、ますます勢力を増していくユーゴスラヴィア・パルチザンから身を守ることを余儀なくされ、そのため多くの部隊が釘付《くぎづ》けになった。最終的に、「バルカン半島の戦い」はソ連への攻撃を六週間遅延させ、人的・物的に著しい損害をもたらした。

【第九章　註】

（1）Sopade-Berichte, August-Oktober 1939, S. 975-983.

（2）Bericht d. Kreisleiters von Augsburg, 9.7.1940; Reg.präs. v. Schwaben, 9.7.1940. 以下に〔一部が〕引用され

ている。Ian Kershaw: Hitler, 2 Bde., Stuttgart 1998-2000, Bd. 2, S. 407.〔福永美和子訳『ヒトラー：1936-1945—天罰』（下巻）、白水社、二〇一六年、三三八頁〕

（3）Sopade-Berichte, August-Oktober 1939, S. 975-983; Januar 1940, S. 29 f.

（4）Weisung Nr. 21, Fall Barbarossa, 18.12.1940, BA-MA, RW 4/v. 522.

第一〇章　暴力の爆発

*

その後、すぐに明らかになるように、戦争はナチズムのもっとも本質的な要素であった。さまざまな利害の比較考量、困難をともなう多面的な近代工業社会の組織化、欠乏の管理、矛盾の調整といったものは、今やすべて時代遅れになったように思われた。これ以降重要なのはただ、勝つか負けるか、勝利か没落か、だけであった。これによってすべての問題が単純化され、正当化されることになる。倫理的な規範、明文として存在する法律、国際的な義務はこれ以降、勝利に益するのであれば無視することが可能であった。

軍事的な側面以外でも、この戦争はそれまでのあらゆる戦争とは異質であった。すでにポーランドに進軍する前から、ヒトラーは問題となっているのはダンツィヒではまったくないことを強調していた。「われわれにとって問題なのは、東部における生存圏の編成替えである」(1)。彼はもともとドイツの生存圏をソ連に求めていたが、それを今やポーランドに適用したのである。

対ポーランド戦

ポーランドは農業中心の従属地域として、圧倒的に農民人口の多いドイツの植民地となるべきであった。

「低い生活水準。稠密《ちゅうみつ》な人口によって、安価な労働力が提供されるというのが、われわれにとって唯一の関心。要約すると、途方もなく激しい、しかし意識的な民族性闘争。いかなる法的な束縛も許容されない」(2)。

戦闘行動の一週間前に国防軍の司令官たちに彼が宣言したところによれば、ポーランドにたいする戦争目標は軍事的なものだけではなかった。

「中心はポーランドの絶滅。目標は一定の線に〔軍が〕到達することではなく、存在する諸勢力の除去。[…] 同情にたいしては心を閉ざす。容赦ない行動。八〇〇〇万人の人びと〈ドイツ人〉がみずからの権利を手にしなければならない。その存在が保障されなければならない。正しいのは強者。最大級の非情さ(3)」。

そうした目標のため、開戦直前に特別につくられたのが、ゲシュタポ、刑事警察、親衛隊の情報機関である保安部からなる行動部隊であった。彼らはポーランド人の政治的、知的指導層、とりわけ知識人と政治指導部、高位聖職者を殺害する任務を与えられた。開戦直後、これらの部隊が国防軍部隊や、ポーランドに住むドイツ人のマイノリティ出身の活動家たち(いわゆる「民族ドイツ人運動」)との協力のもと、拘束や射殺を開始した。一九三九年一〇月末までに、こうして約二万人のポーランド人民間人が殺害されている。たしかに何人かのドイツ軍将校がこのやり方に抗議したが、国防軍指導部がこの動きを援護することはなく、抗議が通ることはなかった。

一〇月初め、ドイツによって占領された旧ポーランド領は、二つのほぼ同じ大きさの領域に分けられた。約一〇〇〇万人の人口をもつ西側地域は帝国大管区ヴァルテラント、およびダンツィヒ＝西プロイセンとして本国に編入され、東部オーバーシュレージエンはシュレージエン県に、ワルシャワの北方にある地域は東プロイセン県にそれぞれ併合されている。もう一つの約一二〇〇万人の人口をもつ東部地域は「総督府」として、ドイツの支配下に置かれる。

この地域は純粋な農業国家として、とりわけドイツ本国における労働力の供給源となるべきであった。「総督」となったのは法律家ハンス・フランクであり、みずからの「政府」の目標を彼は次のように描写している。

「総督府における政府の活動において基準となるのは、この地域はドイツ国民にとって最初の植民地領域となるべきであるという、総統の意志である。総督府においては、ドイツ性の観点こそが重視されなければならない[4]」。

ドイツ政治の一大目標は、ヒトラーが一九三九年一〇月六日に国会で述べたように、この地域における「民族誌的な関係の新秩序」であった[5]。ソ連との合意によって、東部ポーランドとバルト三国のドイツ語を話すマイノリティは、ドイツへ併合された地域に移住させることになっていた。それにたいし、それらの地域に生活しているポーランド人の圧倒的多数は「総督府」へと送られることになっていた。

ヒトラーはこの計画の実行を親衛隊全国指導者ヒムラーに委《ゆだ》ね、彼を「ドイツ民族性強化国家全権委員」に任命した。一九三九年一二月初め、八万人以上のポーランド人の総督府への最初の強制移住が始まった。しかし、これは短期間のうちにカオスへと陥り、その間移送は中止を余儀なくされている。

同時にドイツ当局は、新たにドイツ本国に併合された地域に住むポーランド人について、人種的基準によってドイツ化が可能であるかの調査を行い、「ドイツ人の血統を有する」者、「ゲルマン的」な者、「雑種」、「人種的に劣った」者の四つに分類する作業を開始した。そのうち約三分の一は人種的選抜ののち、ドイツの国籍を与えられるか、将来的に国籍を与えられる権利を付与されている。三分の二は「ドイツ化不能」であると判断された。彼らは総督府へと送還されるか、ドイツ本国へ強制労働者として送られることになっていた。

ポーランド系ユダヤ人の迫害

ポーランド占領により、ユダヤ人マイノリティとしては、ヨーロッパでは最大の規模を誇っていた二〇〇万人を超えるポーランド系ユダヤ人が、ドイツの手に落ちた。しかしながら、征服したポーランドにいるユダヤ人にどのような対応を取るか、開戦の時点では具体的な計画は存在しなかった。

ただし、実際には一九三九年九月一日以降、ポーランド系ユダヤ人への差別や暴力が始まっていた。正統派ユダヤ人を殴打したり、彼らのひげを刈り取ったりすることに、国防軍兵士たちや「民族ドイツ人」は喜びを感じていた。ユダヤ人は衣服に特別な記章を付けることを義務づけられ、強制労働に動員され、彼らの財産は没収された。すでに一九四〇年一月の段階で、彼らは完全に権利を剝奪《はくだつ》されていたのだ。

くわえて、ドイツ本国に編入されたポーランド西部地域に住むすべてのポーランド系ユダヤ人は総督府に移住し、そこに集住すべしとされた。この「国外移住」は一九四〇年一月に始まり、天候や食糧状況を顧慮することなく実施された。そして、ユダヤ人を総督府のどこにどうやって住まわせるのかという問題は、完全に未解決であった。一九四〇年末までに約一一万人が移送されたが、これはこの地域のユダヤ人人口の五分の一に相当する。だが、西ポーランドにいるすべてのユダヤ人の移送は不可能だとすぐに明らかになった。そのためドイツ占領当局は、占領したポーランドのすべての大都市に封鎖地区を設け、そのなかでユダヤ人を住まわせることにした。間もなくこれらのゲットーでは、あらゆるもの（数十万人のための食料品、住居、仕事場、そして医療や衛生の提供）が欠乏するようになり、飢餓と伝染病が広がり、その結果ヤミ市と食料品の密輸が横行した。

ドイツ当局はそれを口実にふたたび、ユダヤ人に急進的な措置を講じた。なぜなら、ゲットーに破滅的な状況をもたらしたのはドイツ当局自身であるにもかかわらず、ユダヤ人こそ伝染病や密輸、犯罪をもたらす存在なのだという彼らの信念が、これによって改めて確認されたように思えたからだ。

もっとも「ゲットー化」は、最終的にユダヤ人をどこに移送し、どこに移住させるかという問題を解決するまでの暫定的措置に過ぎなかった。このことは、問題をエスカレートさせる要因として重要であることがすぐに明らかになる。

なぜならドイツ当局は、占領したさまざまな地域で「ユダヤ人居住区」の生活状況を可能な限り劣悪な状態にすることで、ユダヤ人のゲットーへの収容は、現地の「維持できない状況」ゆえに問題の解決たりえず、ユダヤ人を厄介払いするためには別の方策を見つける必要があると示そうとし続けたからである。別の方策、すなわちこれが、その後すぐに言われるようになる「最終解決」である。しかし、それが具体的にどのようなものとなるのかは、不明であった。

強制労働

ドイツの軍需生産は、イギリスと比べてその間三倍以上となり、ソ連との独ソ不可侵条約によって可能となった工業原料の輸入によって、基盤はさらに拡張された。しかしながら、長期的に見れば、西側諸国の経済的潜在力と資源はドイツを凌駕《りょうが》しており、アメリカの潜在力を入れれば何倍にもなった。

それゆえ、長期戦をドイツが耐え抜くことはおそらく不可能であった。そのための原料備蓄はあまりにも少なく、外貨不足は深刻で、構造的な劣位はあまりにも明白だったからだ。しかし全勢力を一挙に投入し、乾坤一擲《けんこんいってき》の大勝負にもう一度勝利するのであれば、短期戦は可能であった。将来的に目指すべきなのは、まさにそれであった。

外貨不足と資源欠乏にくわえ、ドイツの戦時経済にとってもっとも深刻だったのは、労働力不足である。開戦時に国防軍が約四〇〇万人の男性を軍務に召集したあとは、労働力不足はまさに死活問題となった。産業界で働く女性の数を大幅に増加させることは一つの選択肢であったが、そのためには労働動員が不可欠だっただろう。もっとも、ドイツ人女性を工業労働に従事させたことで、第一次世界大戦時には国民のあいだで大きな動揺が生じた経験があったため、ナチ体制はこれをなんとしても回避しようとした。

もう一つの選択肢として目の前にあったのが、外国人労働者の利用であった。しかしながら、ドイツにおける外国人労働者、とりわけポーランド人の大規模な動員には、とくにナチ党の側から強い抗議が寄せられた。ドイツの土地はドイツ出身の人間によって耕されるべきだというのが、大管区指導部や農民指導者たちの意見であり、「血の混合」の危険性が脅し文句として使われていた。

もっとも労働市場の絶望的な状況を見れば、それ以外に現実的な選択肢は存在しなかった。そのため、ドイツの手に落ちたおよそ三〇万人のポーランド人戦争捕虜が、ただちに（主として）農業部門に動員されることになり、占領されたポーランドでも、ドイツ当局が「本国動員」のための大々的な労働力のリクルートを開始した。当初は徴募によるものだったが、じきに強制的措置によるものになり、その強制性も一気に急進化していった。一九四〇年四月までに、こうしたやり方で約五〇万人のポーランド人労働力がドイツ本国へと連れてこられ、その大多数は男女関係なく農業に従事することを余儀なくされた。というのも、当局の指示によれば、リクルートされるポーランドからの労働力の半分は女性でなければならなかったからだ。その目的は、ポーランド人男性とドイツ人女性の性的接触を阻むことにあった。

そこから生じる「民族政策上の危険」を押さえ込むため、当局はポーランド人に、包括的な抑圧的規則を定めていた。ポーランド人はバラック〔簡易住居〕の収容所に住まなければならず（ただしこれは農村では不可能であることがすぐに明らかになった）、税金を余分に払わねばならず、ドイツ人よりも長時間働かねばならず、ドイツの礼拝所を訪れることは許されず、衣服に「P」と書かれたポーランド人向けの記章を付けなければならなかった。労働以外でのドイツ人との接触は禁じられ、ポーランド人男性とドイツ人女性の性交渉にたいしては、該当するポーランド人の公開処刑によってこれを処罰した。

こうしたさまざまな措置は多くの点において未曾有《みぞう》のものだが、その規模と過酷さという点で、一九二〇年代の西欧でしきりに議論されたアフリカ植民地における労働強制のかたちを想起させるものであった。ドイツ当局にとって「ポーランド人動員」は、全体としては大成功であった。一九四〇年末までにポーランド人労働者約一〇〇万人をドイツへと強制労働のために連れてきて、人種基準によって階層化された、上下二つの階級からなる社会をドイツ国内に創り出すことに成功したからである。

病人や障碍者の殺害

戦争開始によって、ナチ体制はそれまでに存在していたさまざまな配慮や抵抗から解放された。数年前、いや数ヶ月前にはまだ不可能だと思われたこと、想像すらできなかったようなことが、今や実行に移されたのだ。これがとくにあてはまったのが、ナチの社会・

人口政策の根幹をなす領域、「人種衛生学」であった。すでに体制初期の時期に、しばしば医師たち自身のイニシアティブとして、一九三三年の法律によって可能になったように、遺伝病患者を断種するだけでなく、場合によっては殺害しようという動きが存在した。「安楽死」「美しい死」が、そのために考え出された婉曲語法《えんきょくごほう》であった。そうしたイニシアティブにヒトラーは当初否定的だったが、戦争が起こった場合には、この問題を取り上げることを予告していた。なぜなら「全世界が戦闘行動の推移に注目し、人間の命の価値がそうでなくとも重大な問題として受け止められていない状況では」、「精神病患者の負担から民族を解放することは［…］円滑かつ容易に実行できる」に違いないからだ。(6)

戦争が始まると、この予告は実行に移された。一九三九年一〇月、ヒトラーは秘密の総統命令に署名した。それによれば、「病状をきわめて厳密に判断した上で」治癒不能と判断された患者にたいしては「慈悲の死を与えることができる」(7)。開戦の日に遡及《そきゅう》させるかたちで発せられたこの秘密の命令によって、このために設立された特別官庁が、その実行を委託された。その本部がベルリンのティアガルテン通り四番地にあったことから、この作戦は「T４作戦」と呼ばれた。

当局はまず、施設にいるとくに統合失調症、てんかん、麻痺《まひ》、梅毒、知的障礙《しょうがい》、脳炎と診断された患者の調査を開始した。また、少なくとも五年以上継続的に施設にいるすべての患者、および「犯罪的な精神病患者」として施設に拘禁されているすべての人びとが登録された。遺伝性、治癒不能性、労働不能性、そして「反社会性」という選別基準の組み合わせは、人種衛生学的な観点と経済的なそれが緊密に結びついていることを示している。経済的観点は、「無駄飯食い」や「お荷物な存在」という概念で、第一次世界大戦後の安楽死をめぐる議論にもう登場していた。

選び出された患者たちは医師のグループによって検査され、否定的な評価が下された場合には、すでに建設済みの施設においてガス室で殺害された。家族はたいていの場合、何も知らされていなかったが、自分の家族の死の知らせを骨壺《こつつぼ》とともに受け取った。

これによって、暴力のエスカレートがさらにもう一段階進んだだけでなく、一線を越えることになった。つまり、ナチ国家は、数万人の自国民殺害を開始したのである。これは内戦をのぞけば、未曾有の出来事であった。一九四一年八月までに、あわせて七万二七三人の障礙者がT４作戦の枠組みのなかで殺害されている。この作戦の規模の大きさを考えれば、秘密保持を徹底し、正規の政府機関を回避したかたちで行われたにもかかわらず、(8)「輸送」へと送られた患者の運命が施設内でも一般人のあいだでも知れ渡ることは避けられなかった。

さらに、多くの犠牲者には自分の家族との結びつきがあり、家族は患者の居場所について調査をするようになった。これによって、国民のあいだですぐにはっきりとした動揺が生じ、カトリックおよびプロテスタント教会の代表者たちによる公然たる抗議の声によって、その動揺はより強まることとなる。とりわけ影響力が強かったのがミュンスターの司教フォン・ガーレンであり、一九四一年八月三日には殺人罪で告発すると説教壇から脅しをかけた。

ヒトラーは、T４作戦の中止を口頭で命じた。戦時中には人びとの関心は戦争の推移に集中しており、「人間の命の価値がそうでなくとも重大な問題として受け止められていない」がゆえに、精神病患者の殺害実行は容易であろうという彼の計算は、その限りで不適切であることが判明したのである。

それでもドイツ国内で、ドイツ人の患者への大規模な殺戮《さつりく》が行われたことに変わりはない。しかし全員ではないにせよ、多くの犠牲者たちには血縁者や支援者がおり、のちのユダヤ人とは違って、完全に孤立させたり排除したりすることは困難であった。

患者の殺害は（一時的に）中止されたものの、それは一九四一年に始まるヨーロッパ・

ユダヤ人殺害と密接に関係していた。なぜなら、T4作戦での毒ガスによる大量殺戮という経験が、絶滅収容所でのガス室設置の技術的基盤を提供し、患者の殺害に携わった人びとは、まもなくユダヤ人殺害を組織するようになるからである。「T4作戦」によって、個別的な殺戮は組織的な殺戮の段階へと移行した。

ポーランドにおける大量殺戮と移送、ポーランド系ユダヤ人の「ゲットー化」、ドイツ国内での強制労働システムの導入、そしてドイツ人障礙者数万人の殺害によって、ナチ体制はすでに開戦直後の時点で、新たな大規模暴力の段階に到達していた。この新たな段階と比べれば、戦前のそれはほとんど無害に見えるほどであり、現在から振り返ってみても、国際的にこれに匹敵するものはソ連のそれくらいである。

こうした暴力行為の質的断絶を、一九三三年以来ナチ独裁体制のなかに内在していた潜在性の直線的な継続としてのみ理解することはできない。ここでむしろ明瞭《めいりょう》になったのは、この戦争が第一次世界大戦の継続として理解されていたことだ。第一次世界大戦は数百万の人命を奪った戦争であり、第二次世界大戦で何をすべきかという、ナチによる計画の前提となるものだった。さらにこの戦争は、ナチズムの世界観においては、過去数十年にわたってドイツの中心的問題とされてきたものを、一挙に解決する好機であった。つまり、精神病患者の増加によるドイツ人の生物学的価値の低下と、ユダヤ人の脅威である。そして、ドイツのすぐ東の玄関口にドイツ植民地帝国を築き、他の世界強国（イギリスやアメリカ）と対等の地位を得るという、待望されていた機会が、戦争によって提供されたように思われた。そうした視座やスケールに比べれば、暴力的体制にたいする異議はあまりにも了見が狭く、この戦争で果たすべき使命の歴史的重要さを理解していないように思われた。しかし、並外れた無制限の暴力へと進むこの歩みは、すでに一九三九年九月の段階に始まっていたのであって、一九四一年夏になって対ソ戦が始まってからのことではなかった。

【第一〇章　註】

（1）Weisung Hitlers an die Wehrmacht am 11.4.1939, in: Der Prozess gegen die Hauptkriegsverbrecher vor dem Internationalen Militärgerichtshof（IMT), Nürnberg 14.11.1945-1.10.1946, Bd. 31, Nürnberg 1948, Bd. 27, Dok. 079-L, S. 548.

（2）Vortrag Hitlers am 17.10.1939, Nbg. Dok. PS-864, IMT, Bd. 26, S. 378-380.

（3）Hitler zu den Befehlshabern der Wehrmacht am 22. August 1939, ADAP, D7, S. 172.

（4）Hans Frank: Das Diensttagebuch des deutschen Generalgouverneurs in Polen 1939-1945, hg. v. Werner Präg u. Wolfgang Jacobmeyer, Stuttgart 1975, S. 73.

（5）Hitler vor dem Deutschen Reichstag, 6.10.1939, in: VEJ, Bd. 4, Dok. 17, S. 99-102.

（6）Aussage von Dr. Karl Brandt vor dem US-Militärgerichtshof in Nürnberg, Fall I. 以下に引用されている。Eugen Kogon（Hg.）: Nationalsozialistische Massentötungen durch Giftgas. Eine Dokumentation, Frankfurt am Main 1983, S. 303.

（7）Nbg. Dok. NO-824. 以下に引用されている。Ernst Klee（Hg.）: Dokumente zur《Euthanasie》, Frankfurt am Main 1985, S. 85.

（8）〔訳註〕Ｔ４作戦は総統官房とそのスタッフによって指揮されたが、表向きは偽名でカモフラージュされたいくつかの組織（「治療・養護施設全国共同体」「養護施設公益財団」「患者輸送公益有限会社」など）が作られ、秘密裏に行われた。

第一一章　バルバロッサ

＊

イギリスへの航空戦が失敗した後、ドイツ指導部の手元にあったあらゆる選択肢のなかで、「ロシア戦役」はもっともリスクの高いものであった。それは、自軍の戦力を著しく過大評価し、敵のそれを甚だしく過小評価していたことだけが理由ではない。ドイツ側がつねに悩まされていた、極度の時間的圧迫がさらに深刻になったことも原因であった。ドイツの計画によれば、赤軍を三ヶ月以内に打倒することになっていた。彼らの勝利への確信はあまりにも強かったため、軍需生産の比重を対ソ戦へと完全に移すことなどまったく必要ないように思われた。しかし、戦争が長引けばドイツの戦略全体が崩壊することは明らかだった。したがって、あらゆる手段を用いて迅速に勝利することがすべての前提であり、そのさいに現地住民や国際法の規定はいっさい顧慮されなかった。

くわえてソ連を倒すということは、もう一つのヨーロッパの大国を打ち負かすというだけでなく、敵の政治システムそのものの殲滅《せんめつ》を意味していた。そしてナチは共産主義をユダヤ人のしわざと見ていたため、「ボリシェヴィズムの絶滅」は、当初から「ユダヤ人の絶滅」を意味していたのだ。一部のユダヤ人によって支配されたボリシェヴィキの支配層を排除すれば、ソ連全体を倒すのに十分だろうというのが、彼らの計算であった。

ドイツ指導部の目標は、広大な東ヨーロッパ地域にドイツによる植民地支配を打ち立てることであった。ヒトラーも彼の部下たちも、イギリスのインド支配やアメリカによる西部征服にしばしば言及している。ヒトラーによれば、ソ連の住民は「インディアンの原住民」同様に、植民地の原住民として扱われるべきであった。(1)「これは絶滅戦争である」と、ヒトラーは一九四一年三月三〇日、将官たちに宣言している。

「我々は敵を保護するために戦争するのではない。ボリシェヴィキの政治委員（コミッサール）(2)と共産主義の知識人を絶滅するのだ。これは軍法会議の管轄となるような問題ではない。戦いは、西部における戦いと非常に異なるものとなるだろう(3)」。

ヒトラーによるこのスピーチは、彼が行ったなかでもとりわけ残虐なものであった。しかしそれで何か異論が出されたわけでもない。将官たちも、この戦争の方向性に協力したのだ。

ソ連にたいする絶滅戦争

すでに、ドイツ指導部のあいだでは早い段階から、ソ連ではポーランド同様、「敵対的な抵抗思想の担い手」は殺害されなければいけないという見解で一致が見られた。もっともその「担い手」として了解されていたのは、とりわけボリシェヴィキの幹部、ヒトラーの言葉によれば「ユダヤ・ボリシェヴィキの知識人」である。こうして一九四一年六月六日、捕らえたすべての赤軍の政治委員を射殺せよという命令が出された。

ソ連は、ポーランドのさらに向こうに広がる植民地的な空間として利用され、とりわけ工業原料や農産物、原油を提供することになっていた。このやり方で、第一次世界大戦のときのような輸入封鎖に対抗するとともに、国防軍とドイツ国民への食糧供給を安定的に行うものとされたのだ。しかしこれが実行に移されれば、ソ連の住民は必要な量の食糧を手に入れることが不可能となる。

一九四一年五月二日に行われた、戦時経済に関する計画立案に関与していた部局と国防軍当局の会合では、そうした考慮が披露されている。

「一．国防軍全体への食糧供給は、三年目にはロシアから行うことによってのみ、戦争の継続は可能となる。二．そのため、我々が我々のために必要なものを現地から引き出すのであれば、おそらく数千万人の人びとが餓死することになる(4)」。

確定されたこの方針は、三週間後の「東部経済機関(5)のための経済政策上の指針」で次のように説明されている。

「この地域の住民、とりわけ都市住民はきわめて大規模な餓死に直面することになるだろうことは、間違いない。[…]数千万人がこの地域で余剰となり、死ぬかもしくはシベリアに移住しなければならない(6)」。

ソ連占領地域に派遣されることになっていた農業指導者たちに、食糧省は開戦二週間前に「一二の掟《おきて》」を通達している。「ロシア人」については、次のようにある。

「彼らの腹はいくらでも我慢ができる。だから、誤った同情はしないように！(7)」

この「飢餓計画」は戦争の残酷な帰結であり、責任者にとってはやむを得ない事情、いや正当防衛ですらあった。しかし、この計画の影響がもっともはっきりと表れたのは、ドイツ占領権力のヒエラルキーにおいてもっとも下位に置かれた人びと、つまりユダヤ人、ソ連兵捕虜、そして「大ロシア」[8]諸都市の住民の取り扱いにおいてだった。ここでは、戦争経済のプランナーたちのコンセプトが実行に移され、数百万人の人びとが食糧を与えられずに亡くなるという、恐ろしい結果を生むことになったのである。

最初の挫折

一九四一年六月、ソ連への開戦の知らせに接したほとんどのドイツ人は、これに非常に驚いた。一九三九年九月の対ポーランド戦やほかの「戦役」とはことなり、人びとは狼狽《ろうばい》し、不安を覚えただけでなく、恐怖すら感じた。パリ進軍で基本的に戦争は終わったと思っていただけに、ヒトラーに完全に忠実な人びとですら、戦争がこれ以上何年も長引くことを少なくとも懸念していた。

こうして、ロシアにおけるナポレオンの敗北との歴史的比較が頻繁にされるようになる。以前の「戦役」のときとはことなり、一九四一年夏に東部戦線で最初の勝利が報じられたさいにも、心配に満ちた空気が和らぐことはなかった。前線での出来事には、それまで以上に強い関心がもたれ、東部で戦っている家族への心配が人びとの関心の中心であった。

国防軍は三〇〇万人の兵士を動員し、完全に不意を突かれた敵を迅速に捕捉《ほそく》し、大規模な包囲戦で殲滅することに成功した。最初の五週間には、ドイツ軍部隊は怒濤《どとう》の快進撃で東へと突進、広大な領土を獲得し、数十万人の捕虜を獲得して膨大な量の武器を鹵獲《ろかく》した。

だが八月初頭以降、ドイツの攻撃は停滞し始めた。参謀総長フランツ・ハルダーは、「ロシアという巨像を我々は過小評価していた」ことを認めている。[9] 国防軍はその後、戦力をソ連南方に集中させてドネツ盆地の工業地域を征服し、ウクライナの農業資源とコーカサスの油田地帯を確保することを目指した。一〇月末にはドイツ軍は事実上ウクライナのほぼ全土を支配し、ウクライナの工業や農業生産を利用することが可能になった。ドイツのプロパガンダが喧伝《けんでん》するところによれば、東部戦線における勝利はまもなくであった。

もっとも、この間のドイツ軍の損害も非常に深刻で、その損失を補充することはほとんど不可能だったが、赤軍には西部戦線へと振り向ける十分な予備戦力があった。一〇月初め、国防軍はモスクワを攻略し、それによって戦争を勝利によって終結させようと試みたが、それが失敗した原因はなにより深刻な損害、補給の問題、そして早い冬の訪れである。一二月三日、戦闘行動は中止された。

それまでに、国防軍はほぼ一〇〇万人に達する死傷者、行方不明者を出していた。赤軍を一九四一年のうちに屈服させるというドイツの計画は失敗した。一週間後の一二月一一日、アメリカが戦争に加わる。ヨーロッパの戦争は、これによってついに世界大戦となった。今や、ドイツ軍には東部と西部両方での二正面戦争の危機が迫っていた。この二正面戦争こそ、第一次世界大戦の経験からして何としても避けたいと思っていたものだった。ヒトラーによる一か八《ばち》かの大勝負は失敗に終わった。

飢餓政策

占領地に駐屯《ちゅうとん》するドイツ軍部隊は、当初から「現地で」調達を行っていた。食糧調達、宿営、大規模な略奪がドイツ軍の行動の特徴である。ドイツによる飢餓政策がソ連住民に与えた影響は破滅的なものだった。レニングラードはヒトラーの意思に従い、占領するのではなく完全に破壊することとされた。そのさい、共産主義支配だけでなく「大ロシア」の住民も絶滅の対象となった。(10)

それゆえ、レニングラードは征服されるのではなく包囲され、今後予定される降伏ののちは、都市住民は食糧の補給を受けることなく冬を独力で生き延びることとされた。ドイツによるレニングラード封鎖は一九四四年一月まで続いた。この期間に七〇万人以上のレニングラード住民が餓死したが、そのほとんどは最初の一年間に亡くなっている。

東部、さらには南東部へのさらなる進撃にさいして、戦時経済の責任者であるゲーリングは「東部占領地域における食糧供給の優先順位」を次のように定めた。「A）国防軍、B）ドイツ本国、C）東部占領地域の民間人、D）捕虜」[11]。食糧の配給はこれに基づいてきわめて低い水準に固定され、「働かない者」や「子どもおよびユダヤ人」への配給は餓死しないための水準を下回っていた。こうして一九四一年一〇月以降、ソ連占領地域のとくに大都市では大量の死者が生じた。占領地域の民間人の餓死者数を正確に見積もることは困難だが、推計によって数十万人から数百万人までばらつきがある。数百万という数字は、飢餓がもたらす間接的な影響も考慮に入れたものである。

ドイツ指導部による飢餓政策は、ソ連兵捕虜にも破滅的な影響を及ぼした。すでに九月末の時点で捕虜の大量死が始まっており、それは未曾有《みぞう》の規模であった。ユダヤ人殺戮《さつりく》とあわせ、第二次世界大戦中にドイツが行った、もっとも大規模かつ凄惨《せいさん》な犯罪である。戦友に宛てた野戦郵便で、あるドイツの上等兵は一九四一年一〇月末、みずからが日々経験していることについて描写している。

「我々は前線から送られてきた一〇万人以上の捕虜を引き継いだが、それがどんなものだか、君にも想像できるだろう。毎日約一〇〇〇人の死者がおり、一〇月一八日から一九日にかけては一七〇〇人を超えた。それがどんなものだか、君に想像できるだろう。一部は射殺され、他はそんな感じで死んだ(12)」。

一〇月末までに約六〇万人のソ連兵捕虜が、ドイツ軍のもとで亡くなった。一九四二年二月には、およそ三〇〇万人のソ連兵捕虜のうち約二〇〇万人が亡くなるか、労働不能の状況であった。終戦までに、ドイツの捕虜となった五七〇万人の赤軍兵士のうち二八〇万人が命を失っている。

したがって、ドイツの征服者への抵抗が急速に増加したことは驚くことではない。パルチザン・グループが形成され、彼らは後背地の広大な領域で国防軍部隊を襲撃した。パルチザンとの戦いは一九四一年一〇月以降、ますます大規模になっていく国防軍による報復措置の端緒となった。

一二月末までの時期だけで、おそらく六万人以上が反パルチザン作戦によって殺害されている。しかし、彼らが残虐な抑圧政策を先鋭化させればさせるほど、ドイツ軍部隊は現地住民のあいだでの支持を失っていった。それまでは、ウクライナとバルト三国の人びとは、進軍してくる国防軍をしばしば友好的に、ときには熱狂的に迎え入れていた時期もあった。ボリシェヴィキによる暴力支配から逃れられる、と喜んだのだ。

占領地からの収奪

東部戦線における後退や、連合国の軍需生産上の優位を著しく強化したアメリカの参戦にもかかわらず、ドイツはそれ以降三年以上にわたって戦争を遂行した。これには多くの理由がある。とりわけドイツ軍は、ドイツの戦時経済を長期的な消耗戦へと迅速に対応させたのだ。そのさい、ベルトコンベア式生産の拡充、大量生産、そして集権化された構造を創り出すことが目指された。

こうして一九四二年と四四年のあいだに、ドイツの軍需生産は三倍に増加した。たとえば航空機生産は、すでに一九四二年の時点で五〇%増加し、一万五〇〇〇機となっている。もっとも、アメリカだけで毎年四万八〇〇〇機、連合国合計で一〇万機以上を生産していた。

戦争のための財源も引き続き確保された。開戦後、国家歳入と歳出の差額はますます開いていった。一九三九年には、国家による歳出の三分の一はまだ正規の歳入によってまかなわれていたが、一九四三／四四年になると、これがわずか一五・三%となり、戦争最後の年になると一〇％を割り込んだ。このため、占領国や同盟国の資源が戦時財政のためにますます利用されるようになっていった。それは、征服した国家の武器や国の資源の利用から工業のドイツ軍需生産のための利用まで、多岐にわたる。

そのさいに明らかになったのは、東部地域における植民地的な略奪形態よりは、現地政府との協力のもと行われた西欧・北欧の収奪のほうが、全体としては有益だったということである。とくにフランスは、ドイツの経済的利害にとって格好の標的となった。銅、すず、ニッケルや石油といった原料の多くが国防軍によって押収されただけでなく、フランス、ベルギー、オランダの鉄道会社の機関車や貨車の大部分も押収された。

さらに、占領国だけでなく友好国の一部も占領経費をかなりの程度支払うことを強いられた。フランスだけで、一九四三年末までに約二五〇億ライヒスマルクをドイツに支払っている。

東部地域の略奪が全体としてはあまり効果を上げなかった理由は、ポーランド経済をドイツの軍需産業、とりわけ石炭や石油の採掘、および武器製造で組織的に活用するようになったのが、ようやく一九四一年になってからだったことが大きい。ソ連の場合には、さらに状況が困難であった。一つは、赤軍が一九四一年夏の撤退のさいに、工業施設やインフラを広範囲に破壊したこと。もう一つは、ソ連の工業施設を長期的に利用するのを、ドイツ軍の戦時経済のコンセプトはもともとまったく予定していなかったことが挙げられる。ようやく一九四二年になってから、ソ連でも軍需工場をドイツ軍の需要にあわせたかたちへと転換させていく試みが組織的に行われるようになった。しかし、一九四二年秋にはすでにドイツ軍は後退局面に入っており、そうしたプロセスはたいていの場合、短期的なものとならざるをえなかった。

「外国人動員」

それにたいしてより重要だったのは、長期戦へと方針を転換するうえで不可欠であった、労働力の潜在力の拡大だ。一九四〇年初頭にポーランド人労働者をリクルートしたのち、夏にはおよそ一〇〇万人のフランス兵捕虜が、ドイツへ労働動員のために連れてこられた。一九四一年夏には、あわせて約三〇〇万人の外国人がドイツ国内で働いており、その中心は建設業と農業であった。

だが独ソ戦が始まると、さらに二〇〇万人のドイツ人が国防軍へと召集される。しきりに強調されるようになった（とくに工業における）労働力不足は、一九四一年秋以降ドイツ経済にとって最大の問題となり、戦争の継続が危ぶまれた。こうした圧力のもと一九四一年一一月、かつてヒトラーが禁じていたドイツ国内でのソ連兵捕虜の労働動員が命じられる。しかし労働当局が報告していたように、生き残った捕虜はわずかであった。「利用できるロシア兵はかつて三九〇万人いましたが、そのうち残っている者は一一〇万人しかいません。〔一九〕四一年一一月から〔一九〕四二年一月までのあいだだけで、五〇万人のロシア人が亡くなりました。現在〔労働に〕従事しているロシア兵捕虜（四〇万）をこれ以上増やすことは、ほぼ不可能でしょう」[13]。

そのため、ソ連の民間人労働力の大量動員が命じられ、一九四二年初頭にはソ連占領地域での大規模なリクルート・キャンペーンが始まった。それによって、一九四二年四月から一一月末までのあいだだけで約一四〇万人の民間労働者が、男女問わず強制的にドイツへと連れてこられ、労働に従事させられた。

ドイツ国内ではその間に数千の、一九四四年までには最終的に約三万にのぼる、外国人強制労働者のための収容所が設立された。外国人労働者は、国籍や民族的帰属によって異なる規則を与えられたが、その規則は、ドイツにおける彼らの生活を細部に至るまで規定するものであった。

しかしながら、西部占領地域やいわゆる友好国出身の労働者の生活状況は、東部地域の人びとのそれよりも著しく良好なものであった。とりわけ「ロシア人」とされた人びとの扱いは劣悪であり、さまざまな強制労働者たちのヒエラルキーで最下層に置かれた。一九四四年九月には、およそ七六〇万人の外国人労働者がドイツ本国にいた。その内訳は、五七〇万人の民間人労働者と、二〇〇万人弱の捕虜である。

一九四二年九月には、ドイツ本国の全就労者のうち約一五%が、一九四四年半ばには約二四%が外国人民間労働者、もしくは捕虜であった。軍需産業での比率はさらに高く、部分的には四〇%や五〇%以上である。身体的にとりわけ過酷な武器製造部門では、七〇から八〇%に達した。

まとめると、戦時経済と戦時財政は一九四二年初頭以降、比較的短期間かつ驚異的な規模で長期戦へと方針転換を遂げ、そのために必要な資源を動員した。そのさい、征服されたヨーロッパ諸国の徹底的な収奪と、数百万人に及ぶ外国人強制労働者の動員は、決定的に重要であった。たしかに、戦時経済の力関係は、時間が経つにつれて連合国優位となっていったが、ドイツは、その劣位を最小限に抑えることに成功したのだ。こうして、ドイツが戦争に勝利することはもはや不可能な状況にはなっていたものの、それを引き延ばすことは可能だったのである。

【第一一章　註】

（1）Adolf Hitler am 17.10.1941, in: Adolf Hitler: Monologe im Führer-Hauptquartier. 1941-1944, hg. v. Werner Jochmann, Hamburg 1980, S. 90 f.

（2）〔訳註〕各部隊に共産党から配属されていた政治将校。共産党が軍を統制することがその目的であり、ボリシェヴィキの中核分子と見なされた（参照、大木毅『独ソ戦―絶滅戦争の惨禍』、岩波書店、二〇一九年）。

（3）Adolf Hitler am 30.3.1941, in: Franz Halder: Kriegstagebuch, hg. v. Hans-Adolf Jacobsen, Stuttgart 1962-1964, Bd. 2, S. 335 ff.

（4）Aktennotiz, 2.5.1941, Nbg. Dok. PS-2718, IMT, Bd. 31, S. 84.

（5）〔訳註〕ゲーリングによって設置された、東部占領地域の経済的収奪のための組織。

（6）Wirtschaftspolitische Richtlinien für Wirtschaftsorganisation Ost, Gruppe Landwirtschaft, 23.5.1941, Nbg. Dok. 126-EC, IMT, Bd. 36, S. 135-157.

（7）Aktennotiz über die Besprechung der Staatssekretäre am 2.5.1941 über die wirtschaftlichen Ziele des Kriegs gegen die Sowjetunion, IMT Bd. 31.

（8）〔訳註〕いわゆるロシアのこと。「小ロシア人」（ウクライナ人）、「白ロシア人」（ベラルーシ人）と「大ロシア人」をあわせて「ロシア人」と呼ぶこともある。

（9）Franz Halder: Eintrag vom 11.8.1941, in: ders., Kriegstagebuch, Bd. 3, S. 170.

（10）Hitler am 8.7.1941, in: Halder, Kriegstagebuch, Bd. 3, S. 53.

（11）Göring am 16.9.1941, Nbg. Dok. 003-EC, IMT, Bd. 36, S. 107.

（12）Gefr. Emil E., 29.10.1941. 以下に引用されている。Sven Oliver Müller: Nationalismus in der deutschen Kriegsgesellschaft 1939-1945, in: Jörg Echternkamp (Hg.), Das Deutsche Reich und der Zweite Weltkrieg Bd. 9/2. Die Deutsche Kriegsgesellschaft 1939 bis 1945: Ausbeutung, Deutung, Ausgrenzung, München 2005, S. 9-92, hier S. 85.

（13）Vortrag Mansfeld am 19.2.1942, Aktenvermerk WiRüAmt, in: Nbg. Dok. PS-1201. 以下に引用されている。Ulrich Herbert: Fremdarbeiter. Politik und Praxis des《Ausländer-Einsatzes》in der Kriegswirtschaft des Dritten Reiches, Bonn 1986, S. 176.

第一二章　絶滅政策

*

ナチ体制の指導部はすでに一九三〇年代半ばから、ドイツ・ユダヤ人をどのように片付けるかについて考慮していた。指導部は次々と急進化していく方法によって彼らの出国を強要しようとしていたが、一方で彼らの財産も重要であった。事実、ドイツとオーストリアのユダヤ人のごく一部しか、他国へと出国する機会を見つけられなかった。

戦争が始まると、出国はほとんど絶望的となった。しかしドイツの征服政策によって、ドイツの支配地域にいるユダヤ人の数は一九四一年夏までに何倍にも膨れ上がり、三〇〇万人以上へと増加していた。一方ドイツの行政機関は、ドイツが支配するヨーロッパでの、すべてのユダヤ人を含むかたちでの「ユダヤ人問題の解決」を模索し始めた。

ユダヤ人政策の急進化

ポーランドでは、ドイツによる反ユダヤ主義政策は、占領当初の数ヶ月間で急激に先鋭化し、組織的なものとなっている。まずは虐待と差別が行われ、次いで強制労働と大量移送、そしてゲットーへの収容が行われた。西部での勝利ののち、一九四〇年初夏にはフランスやベネルクス諸国でもユダヤ人迫害が始まる。迫害はどこでも似たようなかたちで、一九三三年以降ドイツで行われていった迫害のやり方に沿って行われた。

もっとも、〔ドイツ国内での迫害が時間を追って徐々にエスカレートしていったものであるのに対し、〕短期間で一気に行われた点が特徴的であった。ユダヤ人の存在がまず把握され、登録が行われ、続いてさまざまな差別や嫌がらせが次々となされ、社会的に孤立させられた。そのさい、外国籍のユダヤ人（そこにはドイツやオーストリアからの多くの難民も含まれていたが）は、西欧諸国での迫害でとくに苦しめられた。

なぜなら彼らは、すでに国籍を取得して久しい現地のユダヤ人と違って、それぞれの国の当局によってほとんど、もしくはまったく保護されなかったからである。と同時に、彼らの経済的な苦境も深刻なものとなった。最終的には、ユダヤ人の所有物や財産は没収されて、ユダヤ人は特定の居住地域や収容所へと振り分けられた。そして彼らはたいてい、強制労働を命じられた。

まだドイツ本国に残っているドイツ・ユダヤ人には高齢者が非常に多かったが、開戦後の出国はさらに困難なものとなった。出国に成功したのはわずか二万人程度にすぎない。国内に残った人びとは、たえず先鋭化していく規則によって苦しめられた。多くの人びとは強制労働にかり出され、みずからの住居を明け渡すことを強いられ、「ユダヤ人の家」に収容された。ウィーンでは、この街に住む約一〇万人のユダヤ人が、特定の街区に集住させられている。

しかしながら、ドイツ本国、西欧およびポーランドのユダヤ人をどうするかの問題は、ドイツ指導部では依然として未解決であった。保安警察および保安部長官であるハイドリヒは一九四〇年夏、「ドイツの支配領域にある約三二五万人のユダヤ人にたいする全体的問題」は「もはや出国によって解決され得ない」と記している。むしろ、現在必要なのは「領域的解決」だという(1)。

それが具体的に何を意味するのかが明らかになったのは、対仏戦勝利のあとのことだった。今やヒムラーが口にしたことといえば、「全ユダヤ人をアフリカもしくは植民地のどこかへ大規模に出国させる可能性」であり、それによって「ユダヤ人という概念は、完全に消滅」しうるのである(2)。ここで想定されていたのは、とくにフランス領の植民地マダガスカルであり、外務省はこの時期、どれくらいのユダヤ人を毎年この地へと移住させることができるか、そのためにはどれくらいの船舶のトン数が必要になるか、計画を練り上げていた。

もっとも、そのような船舶による大規模な移住は、イギリスによる制海権を打破しない限り実行不可能であった。したがって、イギリスへの戦争が中断されると、マダガスカル計画ももはや追求されることはなくなった。しかしこの計画からは、ドイツ当局がどれくらい大きな規模を想定していたのかが明らかになる。とくに彼らは、この島に数百万人のユダヤ人を移送すれば、現地の厳しい気候条件によって、短期間のうちにその大部分が亡くなると、想定していたのである。

大量射殺

だが、対ソ戦の準備が始まるとともに、ユダヤ人の新たな移送先が見つかったように思われた。その間、当局は「ヨーロッパ経済圏」には五八〇万人のユダヤ人がいると見積もっていた。ドイツ指導部は、数ヶ月以内でソ連に勝利することを期待していたので、ユダヤ人は勝利ののちに総督府の東にあるプリピャチ湿地か、あるいは北極海《ほっきょくかい》沿いにあるソ連の秘密機関NKWD〔内務人民委員部〕の収容所に移住させられるという案が通った。

現地の厳しい生活条件ゆえに、ほとんどのユダヤ人が短期間で死ぬことは、疑いの余地がなかった。ソ連にたいする勝利の時を待てばよいのであって、ユダヤ人の身に何が起こるかという問題は、それで解決するだろうというのが、彼らの考え方だったのだ。ユダヤ人の総督府への移送は中止された。

ソ連に進撃した最初の数日間の段階で、すでに保安警察の行動部隊と武装親衛隊は、しばしば国防軍部隊と現地のナショナリストたちの支援をうけて、ユダヤ人男性および共産党幹部数千人を殺害し始めた。そのさい、ほとんどの場合でユダヤ人男性と共産党幹部の扱いに違いは見られなかった。

大量射殺が最初の頂点を迎えたのは、七月七日、ビアウィストクにおいてであり、ここではリューベック出身のある警察大隊が三〇〇〇人のユダヤ人男性を殺害した。ここでは依然として、ユダヤ人とボリシェヴィズムが結びついているという思考が重視されていた。

ヒムラーが一九四一年七月末に東部戦線を訪問してから、ソ連における殺害計画の対象は拡大され、今や「女性と子どもも」殺害されるようになった(3)。この殺戮《さつりく》の主たる根拠として強調されるようになったのは、もはや政治的な理由だけではなく、食糧不足や労働可能性であった。「無駄飯食い」に長期間食糧が与えられるべきではなく、労働不能者を無理やり引きずって連れていくべきでもなかった。今やその地域全体のユダヤ人が、具体的な根拠があろうとなかろうと完全に殺害されるようになったのであり、そのような事態は初めてのことであったのだ。

同盟国であるハンガリーの部隊が、北部ハンガリーのユダヤ人をドイツが占領しているウクライナへと追放し始めると、多くの親衛隊・警察部隊が国境の地カメネツ＝ポドルスク〔カームヤネツィ＝ポジーリシクィイ〕にやってきて、八月末には三日間で二万三六〇〇人のユダヤ人を射殺した。ここではすでに、選択的な殺害政策から組織的な大量殺戮への移行が完全に生じている。

ウクライナの首都キエフでは、撤退する赤軍が残していった多くの爆弾が九月末に爆発した。それによって街の大部分が炎に包まれ、多くのドイツ兵が殺された。いつものように、ウクライナ住民のうち、ドイツに協力する用意がある人びとは、ユダヤ人にこの攻撃の責任があるとした。

それにたいして第六軍の司令官は、大規模な「報復措置」を開始する。この街に住むすべてのユダヤ人が、九月二九日の朝、街のある広場に出頭させられた。その後彼らは、街の外れにあるバビ・ヤールという名の峡谷へ連れていかれた。そこで、彼らは服を脱ぐことを強いられ、集団で峡谷のふちに整列させられ、特別部隊（ゾンダーコマンド）の隊員によって射殺された。一九四一年九月二九日と三〇日の二日間で、三万三七七一人のユダヤ人がこのようにして殺害されている。

行動部隊、武装親衛隊、警察そして国防軍部隊は、一九四一年六月から四二年三月のあいだにソ連占領地域で、あわせて六〇万人以上のユダヤ人を射殺した。ここで観察される野蛮化、荒廃、自制心喪失のプロセスは、対ソ戦開戦以降高まっていった時間的圧力と、軍事的な失敗によって加速していったものだ。だが、ここではそれに加えて、補給がうまくいっていなかったこと、ソ連の抵抗によって脅威を受けていたこと、そしてユダヤ人と共産主義者を同一視したことが重要な役割を果たしていた。

だからこそ、徹底的に容赦ない姿勢で臨み、より苛烈《かれつ》な措置を講じ、あらゆる抑制や手加減も、いままで慣れ親しんできた態度もすべてかなぐり捨てることで、この脅威にたいして主導権を握ることができるのだという確信が、ますます強まっていった。こうした考え方は殺戮部隊にとって、自分たちの行為を正当化する防護用シールドとして機能した。ソ連との戦争が始まってから数ヶ月間のあいだに、このような行為はすでに行われていたのだが、数ヶ月たった後であっても、こうした正当化のためのシールドはまだ必要とされたのだ。

しかし、まもなく予期されるソ連への勝利ののち、すべてのユダヤ人はソ連へと移送され、現地でおそらくは強制労働者として利用されるのだという原則は、依然として生きていた。それはまず、ポーランドのユダヤ人にあてはまった。しかも、総督のフランクは今やヒトラーから、総督府はユダヤ人の単なる通過収容所であり、恒常的な滞在地として機能することはないという明確なお墨付きすら得ていたのである。

だがそれは、ドイツ本国のユダヤ人にもあてはまった。一九四一年九月中旬、ヒトラーは当初の予定とは異なり、ドイツ本国のユダヤ人（彼らは九月一日以降、衣服に黄色い星を着用することとされた）は戦争が終わってから東部に移送されるのではなく、直ちに移送されるという決断を下した。

しかし、遅くとも一九四一年一〇月中旬になると、赤軍にたいするドイツの急速な勝利はもはや計算できないことが明白になっていた。ロシアの北極海沿岸にある収容所は、もはや言及されることもなくなった。ポーランド系ユダヤ人、あるいは全ヨーロッパ・ユダヤ人の北部ロシアへの移住という、それまで視野に入っていた計画は、もはや現実的なものではなくなったということだ。

その結果、ポーランドでもはじめての大量処刑が行われた。スタニスラウという、ハンガリー国境にほどちかい東ガリツィアのある町は、一九四一年までソ連領となっていたが、ここに一〇月、ゲットーが設置されることとなっていた。だが、この街に居住するユダヤ人の規模と比べると、ゲットー予定地となっていた街区はあまりにも小さいように思われた。そこで現地のドイツの責任者たちは、ユダヤ人の数を射殺行動によって減らすことを決断した。一九四一年一〇月六日と一二日、街の外れでおよそ一万一〇〇〇人のユダヤ人が射殺された。

一九四一年一〇月から一一月にかけての数週間のあいだに、行動部隊、武装親衛隊、通常警察は、数十万人のソ連およびポーランドのユダヤ人を射殺した。同じ時期に、同様に数十万人のソ連捕虜が、国防軍の基幹収容所や通過収容所で亡くなっている。レニングラードや東部のほかの多くの地域では民間人が餓死し、同様に数十万人の犠牲者を出した。総督府やヴァルテガウでは、ゲットーの死者数は週ごとに増えていった。

一九四一年六月から一二月までのあいだに、ポーランドとソ連ではあわせて一五〇万人以上の人びとがドイツの部隊によって、戦闘行動以外のところで殺害されるか、あるいは餓死している。

ジェノサイドの決定

このような状況にくわえて、ドイツ指導部にとってとりわけ重要だったのは、東部戦線での損害の急速な増加であった。そうした状況が目の前にある以上、ドイツの支配地域にいるユダヤ人を、かつて想定されていたようにシベリアへと連行して、そこで彼らが死ぬのを待つのではなく、その場でただちに彼らを殺してしまっても、ドイツ指導部にとっては、もはや重大な問題ではなかったのだ。ただ、ソ連で行われていたような大量射殺は、ドイツの支配地域にいるユダヤ人の数の多さを考慮すれば適切なやり方とは言えなかった。こうした手法は、殺害部隊のメンバーたちの深刻な精神的負担となっているという批判の声が、ますます強くなっていたからだ。

そのためドイツ指導部では、ドイツ国内で障礙《しょうがい》者殺害のために使われていた別の手法を用いることが決定された。一一月初頭には、短時間で多くの人間を殺害することができる、常設の絶滅施設の建設が始まった。最初の絶滅施設は、ルブリン近郊のベウジェツに建設され、そこにT4作戦の専門家たちがやってきた。彼らは「安楽死」計画の中止後、「東部出動」のためにやってきたのだった。さらなる絶滅施設がウーチ近郊のヘウムノ〔クルムホフ〕につくられた。この二か所でユダヤ人は、T4作戦の手法、つまりガスによって殺されることになっていた。

ヒトラーや現地の責任者たちによる個々の申し合わせや決定は、厳格な機密保持のもと行われていた。だが、ヒトラー自身がこの件について、この時期に何度も詳しく述べている。一〇月二五日、彼はハイドリヒとヒムラーに、次のように言った。「この犯罪者の人種〔ユダヤ人をさす〕は、〔第一次〕世界大戦では二〇〇万人〔ドイツ人軍人〕の死に責任があった。今度〔第二次世界大戦〕はふたたび、数十万人の死に責任がある。我々は彼らを沼沢地へと送り込むことはできない、などと誰も私に言ってはならない。それならいったい誰が我々の国民の心配をするのだ？　我々がユダヤ人を根絶するという恐怖が先立つのはよいことだ(4)」。

そしてナチ党のイデオローグであるアルフレート・ローゼンベルクは、一九四一年一一月一八日、ジャーナリストを前にした演説で、こう述べている。「東部ではまだ約六〇〇万人のユダヤ人が生きており、この問題はヨーロッパにおける全ユダヤ人の生物学的な除去によってのみ解決される」(5)。

一二月一二日、アメリカが参戦した翌日に、ヒトラーはナチ党の全国指導者や大管区指導者たちを前に次のように語っているが、ゲッベルスも書き留めているように、その趣旨はいつになく明確なものであった。

「ユダヤ人問題に関して総統は、ユダヤ人問題を片付けることを決断した。彼はユダヤ人にたいして、もし彼らが再び世界大戦を引き起こすことがあれば、彼らはそのさいみずからの絶滅を体験することになるだろうと予告した。これは空言ではない。世界大戦は起こったのであり、ユダヤ人の絶滅は、必然的な帰結でなければならない。この問題については、あらゆる情緒とは無縁に考えなければならない。我々はそのさいユダヤ人に同情するのではなく、ただ我々のドイツ民族に同情しなければならない。もしドイツ民族が今ふたたび東部の戦場で一六万人の犠牲を払ったのであれば、この血まみれの紛争を引き起こした張本人は、みずからの命をもってそれを贖《あがな》わなければならない」(6)。

ヒトラーのこの演説と、そこから引き出される結論について、ハンス・フランクはベルリンから戻ったあと、クラクフでみずからの総督府政府の官僚たちへ次のように報告している。

「だが、ユダヤ人はこれからどうなるんだろうね。彼らがオストラント[7]の移住用の村落に収容されると、みなさんは思うかい？　ベルリンでは我々はこう言われたんだよ。なぜ君たちは、こんな面倒ごとで私たちを煩わせるのかね、彼らはオストラントでも帝国弁務官領でも我々の手に負えないのだし、君たち自身で彼らを粛正したまえ！　と。ユダヤ人は我々にとってもすさまじく有害な大食漢だな。この三五〇万人のユダヤ人を我々は射殺することはできないし、彼らを毒殺することもできないが、なんらかのかたちで絶滅の成功につながるような措置を講ずることはできそうだな。しかも、本国の側で検討される措置との関連で[8]」。

ヴァンゼー会議

ユダヤ人の命運について決定的な決断がなされた時期は、一九四一年一〇月末から一一月末までのあいだだと断言できる。この時期の終わり頃にあたる一一月二九日、保安警察と保安部が所属していた国家保安本部の「ユダヤ人問題」担当官はハイドリヒの命令を受けて、この問題に関与していたすべての国家当局に、一二月九日に調整のための会議を開くことを通知した。この会議はアメリカの参戦のため六週間延期され、一九四二年一月二〇日にベルリンのヴァンゼー湖畔の邸宅で開催された。

その目的は、主に三つあった。一つは、参加した関係機関に以下のような新方針を説明し、そのために必要となる措置について調整する必要があった。つまり、ポーランドおよび西欧のユダヤ人は戦後ではなく、直ちに移送を開始すること、しかもその目的地は北部ロシアではなく、総督府に新たに造られた絶滅施設であること。第二に、この件は国家保安本部が指揮監督を行うことについて、ほかの国家当局に確認する意図があった。そして第三に、すでに長いあいだ議論されてきた「二分の一ユダヤ人」(9)や、いわゆる混合婚として生活しているドイツ・ユダヤ人の問題も、会議で明確にすることとされた。

この構想では、ユダヤ人を労働動員の対象とすることが重要な役割を果たしていた。会議の議事録には、次のようにある。

「管轄する機関による管理運営のもと、今や最終解決の実施でユダヤ人は、適切な方法によって東部で労働動員に投入されることとなる。労働可能なユダヤ人は、大規模な労働部隊に編成されて、男女ごとにこの地域で道路建設工事に動員される。そのさい、その大部分は間違いなく自然減少によって脱落することになる。場合によっては最後まで残るかもしれない部分〔ユダヤ人〕には、この場合間違いなくもっとも抵抗力のある部分なのであるから、適切な処置がなされなければならない。この部分は、自然による淘汰《とうた》を経て〔生き延びて〕きたのであり、これを野放しにすれば、新たなユダヤ人社会建設の出発点となるものと見なされるからである」(10)。

要するに、「労働動員」は殺戮を偽装するための概念ではなかった。事実、労働可能なユダヤ人を強制労働させる計画は存在した。だが、そのなかでもっとも体力のあるユダヤ人が辛労を耐え抜いた場合には、同様に殺害されることとなっていたのだ。つまり労働動員は、死へのう回路に過ぎなかった。

ソ連占領地域で行動部隊がユダヤ人の大量射殺を続ける一方、ほかのすべての占領地域では、ドイツ当局がユダヤ人の移送準備を進めており、ポーランドでは、さらなる絶滅施設が建設されていた。ドイツ本国とベーメン・メーレン保護領では、すでに一九四一年一〇月、ヒトラーが最初の移送命令を出している。本国とプラハからの一万九〇〇〇人のユダヤ人はその命令に基づいてウーチへと送られ、一一月八日にはミンスクへの初めての移送が行われた。

ドイツ・ユダヤ人を収容する空間を作るため、すでに現地にいたベラルーシ・ユダヤ人は射殺された。数週間のち、ドイツ・ユダヤ人は到着後、もはやどこかに収容されることなく、その場で殺害された。それがたとえば、一一月二九日にリトアニアのカウナス、その翌日にラトヴィアのリガで起こったことだった。

ポーランドでは、総督府当局が一九四二年三月中旬には、最初のゲットー解体を始めていた。そのため、現地で暮らしているユダヤ人の登録システムが開発されている。彼らは「戦争遂行に重要」、「労働可能」、「労働不能」という基準で区別された。「労働不能」と判定された人びとは、貨物車で最寄りの絶滅施設（ベウジェツ、ソビボル、トレブリンカ）へと送られ、そこで殺害された。

一九四二年三月中旬から七月中旬までの移送第一波では、約一一万人のユダヤ人が犠牲となった。一九四二年七月一九日には、年末までにすべての総督府に住むユダヤ人を殺害せよ、というヒムラーの命令が下る。(11) これに基づいて、あらゆるポーランド・ユダヤ人の組織的殺害が始まった。三〇〇万人以上いたポーランド・ユダヤ人のうち、終戦まで生き延びたものは一〇万人に満たない。

アウシュヴィッツ

西欧諸国のユダヤ人は、一九四二年初頭以降、つぎつぎと通過収容所へと送られ、そこで彼らは東部への移送を待たなければならなかった。一九四二年六月二二日、パリ近郊の通過収容所ドランシーから最初の列車が、一九四二年六月二五日にはさらなる列車が東部に向けて出発した。オランダでは最初の列車が、一九四二年七月一五日、ヴェステルボルク収容所を出発した。ベルギーでは一九四二年八月四日、最初の移送がメヘレンから東部、正確にはアウシュヴィッツへと行われている。アウシュヴィッツは東部オーバーシュレージエンの都市で、強制収容所に絶滅施設が附設されていた。

この地へ向けて移送されたユダヤ人のほとんどは、中欧・西欧出身であった。すでに一九四二年初頭、東部オーバーシュレージエンとスロヴァキアからの最初の移送が、ここに到着している。夏にはドイツとオーストリア、さらには西欧諸国、ルーマニア、ノルウェー、クロアチアからの移送が始まった。のちには、ブルガリア、ハンガリー、ギリシアからの移送もこれに加わっている。

降車場に降り立つやいなや、到着したユダヤ人は労働可能かどうかを判定された。労働可能と判断された者はその後収容所へと送られ、強制労働させられた。だが多く（ほとんどの女性、老人全員、子ども全員）はただちにガス室へと送られ、そこで殺されたのだ。一九四三年末までに、ここで約八四万人のユダヤ人が殺害された。

しかし、ナチによる絶滅政策の犠牲となった人びとのなかで、ユダヤ人は最大の犠牲者集団ではあったが、唯一の犠牲者集団だったわけではない。そのさい、シンティ・ロマの運命は、ユダヤ人のそれに多くの点で類似していた。対ソ戦開始後、国防軍部隊と行動部隊は発見した「ジプシー」を多数殺害した。

一九四二年一二月一六日、ヒムラーは最終的に、すべてのシンティ・ロマをアウシュヴィッツ＝ビルケナウ強制収容所に移送するよう命じた。[12] ここには、独自の「ジプシー収容所」が設置された。一九四四年夏に「ジプシー収容所」が閉鎖されるまでのあいだ、二万二六〇〇人の収容者のうち一万九三〇〇人が亡くなった。ソ連と総督府でドイツ部隊によって射殺された「ジプシー」は、強制収容所で亡くなった人びとよりもおそらく多い。一九四五年までにドイツの支配地域で、少なくとも二〇万人のシンティ・ロマが暴力的にその命を奪われた。

一九四四年初頭、ユダヤ人の大規模な共同体のなかで、まだ大多数が無傷のまま残されていたのはハンガリーだけであった。〔一九四三年に〕枢軸から離脱したイタリアのように、ハンガリーがドイツとの同盟から離脱するのを防ぐため、一九四四年三月一九日、ドイツ軍部隊がハンガリーに侵攻し、同時に国家保安本部「ユダヤ人課」の課長アドルフ・アイヒマンは、職員たちとともにユダヤ人の移送準備を開始する。二ヶ月後の一九四四年五月一四日、最初の列車がアウシュヴィッツに向けて出発した。後の数週間は、毎日およそ一万二〇〇〇人のユダヤ人が当地へと移送され、七月中旬まではあわせて四三万八〇〇〇人が移送された。そのうち三二万人は、到着後ただちにガスで殺された。

戦争中、暴力的に命を奪われたユダヤ人は、合計すると約五七〇万人に達する。第二次世界大戦中のドイツによる絶滅政策の全体像を、正確に見通すことは依然として不可能である。

五七〇万人のユダヤ人に加え、約二〇万人のシンティ・ロマ、少なくとも一〇〇万人に及ぶ非ユダヤ系のポーランド人民間人、約二八〇万人のソ連兵捕虜、約三〇〇万ないし四〇〇万人のソ連民間人、そして約五〇万人のドイツ占領地域およびドイツ本国における、それ以外の非ユダヤ系民間人が犠牲となった。つまり、合計すると、おおよそ一二〇〇万ないし一四〇〇万人の民間人が、戦闘行動以外でドイツの支配地域で命を落としたことになる。

【第一二章　註】

（1）Heydrich an Ribbentrop, 24.5.1940, PAA Inl. II g 177.

（2）Helmut Krausnick: Denkschrift Himmlers über die Behandlung der Fremdvölkischen im Osten, in: VfZ 5 (1957), S. 194-198.

（3）Funkspruch SS-Kavallerie Regiment 2, 1.8.1941. 以下に引用されている。Johannes Hürter: Hitlers Heerführer. Die deutschen Oberbefehlshaber im Krieg gegen die Sowjetunion 1941/42, München 2007, S. 558.

（4）Hitler am 25.10.1941, in: ADAP, Serie D, Bd. XIII, Anhang II, S. 835-837.〔イアン・カーショー前掲書（下巻）、五一七頁を参考にした〕

（5）Rede von Reichsminister Rosenberg anlässlich des Presseempfangs am Dienstag, 18. November 1941, 15.30 Uhr, im Sitzungssaal des Reichsministeriums für die besetzten Ostgebiete（Entwurf, vertraulich）; PAAA, R 105192 DIX 472.

（6）Joseph Goebbels: Eintrag vom 13.12.1941, in: ders., Die Tagebücher von Joseph Goebbels, hg. v. Elke Fröhlich, 32 Bde., München 1993-2008, Teil II, Bd. 2, S. 498 f.

（7）〔訳註〕現在のバルト三国および、ポーランド、ベラルーシの一部を含む地域。ソ連占領地域のうち民政地域は東部占領地域省が支配しており、オストラント、ウクライナの帝国弁務官領に分かれていた。

（8）Rede Franks, 16.12.1941, in: Frank, Diensttagebuch, S. 457 f.〔ハインリヒ・アウグスト・ヴィンクラー、後藤俊明ほか訳『自由と統一への長い道II―ドイツ近現代史 1933-1990 年』、昭和堂、二〇〇八年、九一頁を参考にした〕。文中の省略は明記していない。

（9）〔訳註〕祖父母四人のうち二人がユダヤ教徒である人をさす。

（10）Protokoll der Wannseekonferenz. 以下などに載っている。Mark Roseman: Die Wannsee-Konferenz. Wie die NS-Bürokratie den Holocaust organisierte, Berlin, München 2002, S. 170-184.〔ヴァンゼー会議記念館編著、山根徹也・清水雅大訳『資料を見て考えるホロコーストの歴史―ヴァンゼー会議とナチス・ドイツのユダヤ人絶滅政策』、春風社、二〇一五年、一五〇―一五三頁を参考にした〕

（11）Himmler am 19.7.1942, VEJ, Bd. 9, Dok. 96.

（12）Befehl d. RFSS v. 16.12.1942. 以下に引用されている。Michael Zimmermann: Rassenutopie und Genozid. Die nationalsozialistische《Lösung der Zigeunerfrage》, Hamburg 1996, S. 301.

第一三章　戦争と占領

*

一九四二年三月、国防軍は東部戦線で第二の攻勢を開始した。その目標はウクライナ、ヴォルガ川沿いの軍需工業の中心地であるスターリングラード、そしてコーカサスの油田地帯である。この作戦で、軍事指導部はまたしても大きなリスクを背負うことになった。というのも、国防軍にはほとんど予備戦力がなく、この規模の第三次攻勢をかけられる状況にはもはやなかったからだ。それでも、ドイツ軍部隊は一九四二年八月末までに南方で一〇〇〇キロ以上進撃し、ロストフと黒海《こっかい》東岸地域を占領することに成功した。一九四二年夏には、ドイツによる支配地域はその最大版図に達した。

この勝利にもかかわらず、ドイツ軍の置かれていた状況は厄介なものであった。部隊は大きな損害を受け、補給路は延び切り、予備戦力はほとんどなかった。一九四二年八月末には、ドイツ軍の進撃はほぼすべての戦線で停滞に陥っている。一九四二年秋から一九四三年秋までに戦況は逆転し、主導権は連合国の手に渡った。それ以降国防軍は、後退局面に入った。それでもナチの支配するドイツ帝国が没落するまでには、さらに一年半を要することになる。

戦局の転換点としてのスターリングラード

スターリングラードの街をめぐる数ヶ月に及ぶ戦いは、戦局転換の象徴となった。一九四二年一一月にドイツ第六軍はこの地で包囲され、最終的には一九四三年一月から二月に殲滅《せんめつ》されている。ドイツ軍兵士は一〇万人が命を落とし、同じくらいの兵士が捕虜となった。今や、状況は刻々と悪化していた。一九四二年末以降、イギリス軍による空襲「ルールの戦い」がその効果を明らかに示し始め、ドイツの軍事産業を消耗させつつあった。

一九四三年五月には、ドイツ軍部隊が北アフリカで降伏し、一九四三年七月一四日には連合国がシチリア島に上陸した。およそ一〇日後の七月二五日、イタリアの独裁者ムッソリーニが失脚する。一九四三年九月三日にイタリアは降伏し、連合国はイタリア本土奥深くまで進攻した。ナポリ北方で前進は食い止められ、その後、戦線は九ヶ月にわたって膠《こう》着《ちゃく》することになる。

戦略上の主導権を握ったのは、今や連合国であることは明らかであった。だが、戦争の帰《き》趨《すう》が完全に決まったわけでもなかった。一九四三年七月、国防軍は新たに夏季攻勢を行って赤軍の打倒を目指した。クルスク突出部における戦いは史上最大の戦車戦となったが、ドイツ軍部隊は打撃を受け、一九四三年七月一七日にソ連による攻勢が始まると、ドイツ軍部隊はつねに後退を続けることになった。この後退は、ときに停滞や深刻な損害を生じながらも、一九四五年四月のベルリンの戦いにいたるまで二年にわたって続くことになる。

西に向かって退却していくさい、ドイツ軍部隊はソ連におけるあらゆるインフラや、数千の村落を破壊していった。さらに彼らは、民間人の一部を強制的に連行したが、その数はおそらく一〇〇万人を超える。ここには、さまざまな動機があった。破壊への熱狂、軍事的に必要だという考えに加え、ヒムラーが一九四三年四月にはっきりと述べたように、そこにはイデオロギーによって動機づけられた絶滅への意志があった。

「どのようにすれば我々はロシア人から最も多くの人間――死んだかたちであれ、生きたままであれ――を奪うことができるのだろうか。それは、次のようなやり方によってである。彼らを殴り殺すことによって、あるいは彼らを捕虜にしたり実際に労働動員したりすることによって、我々が占領した地域をできる限り我々の手の内に収めることによって、そして我々が攻撃を加えた地域、〔しかしながら、ドイツにとっては有用ではないため〕敵に押し付ける空間については、人間が誰もいない状態のままで放置することによって[1]」。

一九四四年三月までに、ドイツ軍部隊は戦前にポーランドの東部国境だった線にまで後退し、そのさいに兵力の多くを失った。

一九四四年四月と一二月のあいだに、連合国はドイツ軍部隊をほぼドイツ本国の国境線へと押し戻す。そのさい、六月六日の西側連合国によるノルマンディー上陸は、西欧におけるドイツ支配の終わりの始まりを明確に示す出来事であった。七月末の時点で、イギリス軍とアメリカ軍はもう一五〇万の兵力をフランスにおいていた。わずか五ヶ月のあいだに、彼らはフランス、ベルギー、ルクセンブルク、およびフィレンツェ以南のイタリアを解放したのだ。

おなじく、一九四四年六月に、ソ連による夏季攻勢(「バグラチオン」作戦)が始まった。これによってベラルーシの中央軍集団は崩壊し、ドイツ軍の主力が殲滅されたことは、戦争始まって以来、ドイツ軍にとってもっとも深刻な打撃となった。すでに一九四四年一〇月、ソ連軍部隊は東プロイセンのドイツ国境に到着していた。そして翌年一月に、ベルリンへの突進が始まる。

占領政策

ドイツによる占領政策はヨーロッパの国ごとに著しく異なっており、統一された指針に基づいたものではなかった。一部の占領地域、とくにベルギー、北部フランス、セルビアは国防軍によって統治された。ほかの地域ではナチ党が主導権を握っており、たとえばソ連のさまざまな地域、総督府、あるいはオランダがそうであった。すべての地域に共通していたのは、以下の三つの上位の目標、つまり、軍事・治安面での地域の安定、経済的搾取、ユダヤ人移送に向けた政策の実施という点だ。

一方で、ナチズムと親和性のある運動や政党による支配を目指すことはなかった。これらの地域におけるドイツの支配は、ただ軍事力によってのみ行われることについて、ヒトラーはいささかも疑念を抱いていなかった。

ポーランドについては、現地の人びとが行政に参加することをヒトラーは拒んだ。もっとも、ドイツ人は現地当局による支援を完全に手放すことはできなかったため、ポーランド人による「中央委員会」〔ポーランド語では「中央扶助委員会」〕の結成は認められた。この委員会は、ポーランド人への急場しのぎの支援を模索していた。

だが、本質的にはポーランドは数多くのドイツ占領機関によって統治されており、時に協力し合い、時に反目し合いながら統治は行われていたのである。そこには国防軍、総督府政府、ベルリンの省庁やナチ党事務所の代表者、四カ年計画庁やドイツ労働戦線、トット機関や数多くの経済団体や企業の代理人、そして、とりわけポーランドでの影響力をつねに拡大させていた親衛隊が含まれていた。

経済的な面で、ポーランドは二つの領域に分かれていた。ドイツに併合された西部ポーランドは、工業においても農業においても、ほとんどは発展した地域であった。ここにポーランドの工業生産の八〇％が集中しており、農業生産の大多数もここで行われていた。

一方、東部の「総督府」は脱工業化され、ドイツ人入植者のための労働力と場所を提供することとされた。しかし、ただちに明らかになったのは、総督府にもまた、ドイツ本国からかなりの額の補助金を支出する必要があることで、その結果工業生産、とくに軍需産業の数はすぐにふたたび増加した。

保有していたすべての外貨と金はドイツ本国に没収され、総督府はそのうえ毎年かなりの支払いをしなければならなかった。終戦までに、その額はおよそ五五億ライヒスマルクに達した。新聞社とラジオ局は閉鎖され、すべての大学と高校も閉鎖された。ポーランド人とユダヤ人は、もはや大学で学ぶことができなくなり、教授や研究者たちは迫害を受けた。ポーランドにあったかなりの文化財が略奪され、図書館や文書館は破壊されることになる。

ポーランド人知識人の多くが開戦時に殺害されるか、強制収容所へと送致された。新たなポーランド人指導者層など、もはや生まれてはならないと、ヒムラーは断言している。「東部の非ドイツ系住民にとって、国民学校四年生以上の高度の学校は必要ない。これらの国民学校の目標はただ、せいぜい五〇〇までの数を数えられるようになること、名前が書けることである。〔…〕読めるようになることは必要ないと、私は判断する(2)」。

植民地としてのソ連占領地域

ソ連占領地域でも、地方自治体レベル以上の現地人による行政は行われなかった。ポーランド同様、ドイツの関心はとりわけ植民地的な後背地を作り出すことに向けられ、現地住民の多くがそこから追放されて、かわりにドイツ人の家族がそこに移住することが可能になるよう、整備が進められたのだ。バルト三国、ベラルーシ、ウクライナの支配のために、一九四一年夏に東部占領地域省（ＲＭＯ）が設置され、そのトップはナチ党の長年のイデオローグであるアルフレート・ローゼンベルクであった。

しかしながら彼は、さまざまな組織と競合関係にあった。そのなかでもとくに有力だったのが、親衛隊および警察のすべての部隊に命令を下し、ドイツ民族性強化国家全権委員として、東部地域の支配にも強い影響力を行使していた親衛隊全国指導者のヒムラー。そして、あらゆる経済に関する問題への指揮監督権を要求していた、四カ年計画庁長官のゲーリングだ。

たしかにローゼンベルクと彼の職員たちは、現地住民からの収奪や暴力的支配を旨とするヒムラーやゲーリングとはことなり、バルト三国やウクライナの人びとからドイツ人が掲げる大義への支持を獲得することを目指してはいた。「ソ連にたいする戦争は政治的な作戦行動であって、経済的な略奪行為ではない」と、東部占領地域省は説明していた(3)。だが実際には、ドイツの経済当局の活動はそうした言明とは裏腹に、なんらかのかたちで利用可能なすべての経済財のありかを調べ上げ、すぐにドイツ本国へと輸送することに、全精力を傾けていたのだ。

東部のドイツ当局の職員たちにとって、彼らが今や管理しなければならなくなった広大な地域はまずもって植民地であり、そこでは個人的な利得を得るチャンスがあった。彼らのほとんどはそれほど豊かな家庭の出身ではなく、彼らがかつて任命されていたナチ党の役職もそれほど高いものではなかった。

たとえば、ドイツ労働戦線の東プロイセン大管区責任者であった人物が、キエフの総弁務官〔ウクライナ帝国弁務官領を構成する複数の総弁務官領のひとつであるキエフ総弁務官領を統括〕に任命された。東プロイセン大管区指導部の宣伝局長であった人物は、この地域のユダヤ人政策を統括する立場となった。人員不足はきわめて深刻な状況で、およそザクセン州に相当する面積を有する地域を、二〇人ないし二五人よりも少ないドイツ人幹部で管理しなければならなかった。

汚職が横行し、下級幹部も含めた多くの幹部は、東部地域で二年ないし三年間、接収された領主の邸宅で召使やボディーガードを付けられ、ぜいたくなパーティーをするなど、王侯貴族のような生活を送っていた。私企業の代表者たちも、手に入れられるものはわがものとしていた。工場を接収し、現地の強制労働者たちに生産を行わせて製品は本国へと送付し、戦争が終わったらいつかみずから住むことができるようにと、お屋敷や貴族の邸宅を物色していた。

対独協力と日和見主義

一方西欧、北欧の占領された国々では、ドイツ当局はすくなくとも建前の上では「行政監督」の原則に従って行動するよう努めていた。この原則によれば、現地の行政機関は地方でも中央でも引き続き仕事を続け、比較的少数のドイツ人によって監督を受けるのみとされた。とりわけこれがあてはまったのは警察、経済・財務当局、そしてユダヤ人迫害の監督である。

それにたいし、さらなる政策目標、たとえば現地行政を親ドイツ的な方向に誘導するといったことは予定されていなかった。そのため駐仏ドイツ大使オットー・アベッツの「〔対独〕協力政策」は、軟弱すぎるとして批判のやり玉にあがった。「そんなものは協力とは呼ばない」と、ヘルマン・ゲーリングは指摘している。

「フランス人の紳士諸君が協力していると私が判断するのは、以下の場合だけである。つまり、彼らがもはやこれ以上不可能だというところまでモノを引き渡す場合、そしてそれを自発的に行う場合である。そういう場合であれば、協力していると私も言うことができよう。だが、彼らがすべてをみずからむさぼり食っているのであれば、彼らは協力などしていない(4)」。

ドイツに占領された西欧諸国の人びとは、戦争前半の時期には日和見的な態度を占領者たちに示すことが非常に多かった。ドイツ軍が強力な限りは、良かれ悪しかれ彼らと協力せねばならなかったからだ。そのさいドイツの占領者たちは、ときとして市民層のあいだできわめて好意的に受け入れられることがあった。

彼らは支配者たちに、進歩と秩序思想、反マルクス主義の擁護者の姿を見ており、しかもそのさい、ドイツ人と必ずしも協力しなければならないというわけでもなかった。たとえばオランダ、ノルウェー、デンマークでは、現地行政とドイツによる占領の協働作業はとてもうまく機能していた。もっとも、住民の大多数がドイツ人を拒絶していた点に疑念の余地はなく、ドイツ人が住民やとくにユダヤ人にたいする抑圧を強化すればするほど、そして軍事的に劣勢に立たされれば立たされるほど、その拒否反応はさらに強まった。

フランスは一九四〇年夏のドイツによる勝利ののち、南部の非占領地区（一九四二年一一月まで）と北部および沿岸部の占領地区に分割された。北部では「フランス軍政長官」

がパリを本拠地として支配を行っている。あわせても一〇〇〇人に満たないドイツ軍将校と軍の行政官たちが、フランス全体の行政をコントロールしていたのだ。

南部では「フランス国」が保養地ヴィシーを本拠地につくられ、そのトップには第一次世界大戦の英雄であるペタン元帥がついた。彼らのスローガンは、「労働、家族、祖国」であった（これは共和国の「自由、平等、友愛」に対抗するものだった）。「ヴィシー政府」はドイツと緊密に協力し、フランスに住むユダヤ人の迫害においてすら協力的な姿勢を見せた。こうして「コラボラシオン」（「協力」）という言葉は、今日まで続く否定的な意味合いを帯びることになる。

フランスの市民層の一部でも、ドイツの占領者へのかなりの程度の共感が見られたが、その理由はとりわけ、国民から愛されていなかったフランス国民戦線政府をドイツが追い払った点にある。もっとも、そのような態度は伝統的なフランス・ナショナリズムと完全に矛盾するものであり、たとえば経済領域でのドイツ人との協力には、ドイツ軍がまもなく敗北するだろうという期待も入り交じることがありえた。

だがフランスでも、ドイツによって占領された他の国々でも、ほとんどの人びとにとって決定的に重要だったのは、関わり合いになることを何としても避け、戦争を生き延びることであった。それこそが、占領者たちと協力する気もなく、かといって逆に迫害される立場に追い込まれたくもない人びとにとって、唯一の選択肢であると考えられていたのだ。

ヨーロッパにおける抵抗運動

対独協力のありようと同じく、抵抗運動もまた多様であった。一般的に、どの国の抵抗運動でも、市民層によるナショナリズム的な傾向をもつもの、親西欧的・民主主義的な方向性をもつもの、共産主義による集団の三つが存在した。ドイツの権勢がまったく揺るぎないものに見える限りは、こうした反対派勢力内部での政治的・イデオロギー的な矛盾が表面化することはなかった。国防軍が敗北を喫するようになると、戦後秩序構想が登場し、抵抗運動内部の政治的差異が重要になっていく。

それにたいしてドイツ人は、一九四一年夏以降の抵抗を本質的には、すべての地域において共産主義の指導のもとで組織的に行われている蜂起《ほうき》として理解して、ゆえにどこでも同じかたちで、「もっとも苛烈《かれつ》な手段によって」掃討されなければならないと考えていた。(5)それが意味していたのは、とくにテロルと人質であり、占領された国々の住民の憤激をさらに強めた。解放運動は、ドイツの占領者たちを深刻な苦境に追い込むことには、ほとんどの場合成功しなかったものの、その治安状況を悪化させ、かなりの兵力を現地に釘付《くぎづ》けにすることには成功している。

ポーランドではすでに一九三九年秋以降、組織的な抵抗運動が成立しており、さまざまなナショナリズムの抵抗集団が「国内軍」として結集していた。彼らの大多数はポーランドの森林や沼沢地帯で活動し、一九四〇年半ばにはおよそ一〇万の兵力を擁するにいたったが、大規模な作戦を実行することはできなかった。およそ一万人の闘士たちを擁していた共産主義の人民軍も同様である。

だが、一九四三年四月一九日にワルシャワ・ゲットーの蜂起が始まり、劣悪な武器しか持たないユダヤ人の闘士たちが、ドイツ軍部隊相手に二週間持ちこたえた。彼らはそのさい、国内軍からいっさい支援を受けなかった。そして一九四四年夏、赤軍がポーランドの首都に接近すると、国内軍はドイツの占領者にたいする蜂起を開始する。ソ連指導部は国内軍をポーランド・ナショナリズムかつ反共産主義の組織であると認識していたため、ソ連軍はこれに介入しなかった。こうして蜂起した人びとは一〇月二日、降伏を余儀なくされた。

フランスでも、ドイツによる占領開始直後に抵抗運動の結成がはじまった。しかし当初の影響力はわずかであった。それは、共産主義者たちが独ソ不可侵条約を理由として、ドイツへの作戦に参加しなかったことが大きい。ソ連にたいする戦争が一九四一年夏に始まってようやく、フランスでもドイツ人への武装闘争が始まり、とくに暗殺と爆弾攻撃が行われた。

それにたいし、ドイツ当局は人質を取ったり射殺したりすることで対応したが、レジスタンスの壊滅には成功しなかった。フランスの抵抗運動は、組織面でも行動面でも統一的ではなく、数多くの集団から形成されており、それはおおよそ戦前の党派の枠組みに一致したものだった。もっとも重要な役割を果たしたのがド・ゴール派の「秘密軍」、共産主義の「義勇遊撃隊」、ナショナリズムの「軍抵抗組織」であった。

一九四三年初頭、ついにもっとも重要な抵抗集団は共通の目標と一定の協力で合意する。彼らはサボタージュ作戦をとくに鉄道にたいして行い、ユダヤ人や政治的に迫害されていた人びとの逃亡を助け、ドイツ兵やフランス人の対仏協力者の暗殺を企て、ノルマンディーに上陸した後は連合国軍を支援した。

もっとも、軍事的な意味でドイツ軍にとって深刻な脅威となったのは、ソ連、ユーゴスラヴィア、そして一九四三年秋以降のイタリアのパルチザン運動だけである。他の国々では国民的な抵抗運動の意味はむしろ、行政において占領者たちと協力しているエリートたちとは違って〔自分たちは抵抗を行ったのであり〕、自分たちの国は敗戦国〔ドイツ〕の協力者なのではなく、戦勝国の一員なのだと、ドイツ軍に勝利したあと、主張することにあった。イタリアをはじめドイツと同盟を結んでいた国々や、一定の距離感を保ちつつも政府がドイツと協力していたデンマークのような国々にとっては、大きな意味があった。

【第一三章　註】

（1）Rede Himmlers vor SS-Führern in Charkov, 24.4.1943. 以下に引用されている。Heinrich Himmler: Geheimreden 1933 bis 1945 und andere Ansprachen, hg. v. Bradley F. Smith et al., Frankfurt am Main, Berlin 1974, S. 186.

（2）Heinrich Himmler, Einige Gedanken über die Behandlung der Fremdvölkischen im Osten（Mai 1940）, in: Josef Ackermann: Heinrich Himmler als Ideologe, Göttingen 1970, Dok. 37, S. 299.

（3）Otto Bräutigam, Allgemeine Richtlinien für die politische und wirtschaftliche Verwaltung der besetzten Ostgebiete, o. D. 以下に載っている。Robert Gibbons, Dokumentation, in: VfZ 25（1977）, S. 257-261, hier: S. 259.

（4）Besprechung Görings mit den Reichskommissaren und Vertretern der Militärbefehlshaber für die besetzten

Gebiete am 6.8.1942, Nbg. Dok. USSR-170, IMT Bd. 34, S. 391.

（5）Chef OKW, 16.9.1941, BA-MA, RW 35/543, S. 19 ff.

第一四章　戦時下の民族共同体

＊

戦争が始まると、「民族共同体」が理想とする秩序に、「敵の世界にたいしてドイツ民族が一丸となる」という新たな意味合いが加わった。外的な脅威や、国民や愛国心といった理念に訴えかけることで、依然としてヒトラー国家と距離を置いていた人びとをも統合することが、かつてより容易になったのである。

こうして、たとえばナチに共感していないような兵士であっても、ドイツという大義のためにみずからの命を危険にさらさなければいけなくなった。また、ドイツ諸都市へのすさまじい空襲に、ヒトラーによる戦争を拒絶している人びとですら憤りの感情が強まった。

すでに一九四一年秋以降、それまできわめて楽観的であり、パリへのドイツ軍進軍のあとにはほとんど有頂天といってもよかった国内の雰囲気は、変わり始めていた。ほぼ一〇年間にわたってヒトラーは国内外でつねに勝利と成功を収めていたが、ドイツ人は今や初めて敗北、そしてみずからの状況の悪化に直面したのである。

だからこそ、より一層政権指導部は、国民の雰囲気が悪化しないよう気を配った。その点で引き続き重要だったのが低い税金と高い社会給付であり、とりわけ出征兵士の家族への気前の良い手当は、平時の収入のおよそ七〇%をカバーしていた。

とりわけ食料品の供給は、つねに不満や批判を表明するきっかけとなり、第一次世界大戦の飢餓の冬にたいする記憶はまだ生々しいものがあった。すでに開戦直後の段階で、亡命社会民主党の報告書には次のような記述がある。ドイツの人びとは今や「政治よりも食糧問題について語っている。どうやったら自分の配給がもらえるかという心配に、誰もが駆り立てられている」(1)。

だが、一九四二年初頭に配給の削減が発表されると、保安部の報告者たちは、人びとのあいだで広まる不満や怒りを記録するようになる。この配給削減という措置は「国民の大部分を『意気阻喪』させており、しかもこのような規模でのことは戦時下で一度たりともなかったものだ」。この住民たちの雰囲気は「戦時下でいままでなかったほど低い水準にまで落ち込んでいる。最近の軍事的な報道は、食糧〔配給〕削減の発表によって背景に押しやられてしまった」[2]。

このことで政権指導部はさらに神経をとがらせ、大急ぎで削減は撤回された。ゲーリングがこれを発表したさいに強調したのは、国防軍は今やソ連で広大な領域を征服したのだから、ドイツにおける食糧供給の制限が今後行われることはないという点である。「なによりもまず、とりわけドイツ民族にとって重要なのは空腹を満たし、食糧を得ることである。だが、敵の措置によって食糧状況に困難が生じることがあったとしても、全員が知っておかねばならぬことがある。飢餓が生じることがあるとしても、それは決してドイツの地においてではないということを！」[3]。

ここでゲーリングが間接的に示唆しているのは、ドイツ本国の食糧供給の状況と、東部におけるドイツの戦略との連関である。東部では、国防軍とドイツ人に食糧を送るため、民間人とソ連兵捕虜は数百万人が餓死するにまかされたのだ。

ドイツ国内ではすべてのものが配給制となったため、「第二の経済」、つまりヤミ市が戦争中盤から次第に重要になっていった。これは、ヨーロッパで戦争を遂行しているすべての国々においてそうだったし、ヤミ市でモノを買うことが、ドイツ人のナチ体制にたいする不信感の表れを意味するというわけでもない。

だが、ヤミ市でモノを買うことができたのは、お金や価値のある交換できる商品をもっている人間だけであったため、社会的不平等はさらに強まった。事実保安部は、労働者からの苦情について次のように心配げに記述している。「いわゆる羽振りの良い一派の大部分は、コネや膨らんだ『財布』を持っているために、自分たちに〔配給で〕割り当てられた食料品とは別に、なんらかの不足している品々を調達している」[4]。

そうした傾向に体制は、たとえば労働者の解雇からの保護、病気のさいの賃金の継続的支払いなど、社会政策上の改善によって対抗しようとした。だが、現実に存在する「羽振りの良い一派」、あるいはそうだと思われている人びとへの批判は、ますます強まっていく。

開戦後、ほとんどのドイツ人にとって主な関心事は自分の暮らしであった。長年にわたる苦しい生活ののち、一九三〇年代半ばからようやく仕事場、定期的な収入、これから人生がうまくいくだろうという一定程度の確信が持てる「ふつうの」生活が手に入ったのであり、戦争によってそれが破壊されることを人びとは望まなかったのだ。

戦争がうまくいっている限りは、それを人びとは意識の外へと追いやっていた。レストランやバー、映画館は満員で、ダンスパーティーやレビューのチケットは売り切れていた。人びとはちょっとした食事、娯楽、ユーモアを求めており、実際に手にしたのだ。「悲観的で沈鬱《ちんうつ》な傾向の」作品は演目から姿を消した。(5) ドイツ最大の映画コンツェルンであるウーファ（UFA）は、毎年六〇作以上の劇映画を製作しており、ほとんどは軽めの娯楽映画であった。一九四一年まではとくに、クラーク・ゲーブル、エロール・フリン、オリヴィア・デ・ハヴィランドが出演するアメリカ映画がヒット作となった。それにたいして、ナチのプロパガンダ映画はほとんど重要ではなかったが、反響がまったくないわけではなかった。

ラジオでは、毎週一九〇総放送時間のうち一二六時間は娯楽やヒット曲に宛てられており、それは強く前線兵士が求めたことである。ナチによって長年「黒人音楽」として攻撃対象となってきたスウィング作品は、今や「活気のある旋律」と名前だけ変えて、ますます愛されるようになった。ドイツ人の満足に役だつことであれば、みずからのイデオロギー的原則に矛盾する場合であっても、ナチ党は一定程度これを容認したのだ。

ドイツ諸都市への空襲

だが、一九四二年以降のドイツでとくに中心的な問題となったのは、空襲である。西側連合国は、まだドイツの地で地上戦を展開できるような状況にはなかったため、イギリス軍とアメリカ軍の戦略は、地中海での作戦行動をのぞくと航空戦に集中していた。空爆によって工業施設、交通路、そしてインフラが破壊され、ドイツ人の士気は動揺した。戦略的な面では空襲は、ドイツ軍にたいして一九四一年以降戦争をほぼ単独で遂行していたソ連への支援にもなった。

一九四三年初頭、イギリス軍とアメリカ軍は空襲の実施にさいして相互に調整を行うようになり、攻撃の強度は著しく強化された。これによって、両軍は軍需生産を徐々に妨害するようになり、一九四四年以降は部分的にこれを麻痺《まひ》させることにも成功する。さらに、強力なドイツの軍事力が本国に釘付《くぎづ》けにされることにもなり、そのなかには戦闘機のおよそ三分の一が含まれていた。

空襲による効果は致命的なものであった。およそ六〇万人が連合国の空襲によって亡くなり、約一〇〇〇万人が負傷した。ドイツ諸都市の中心部とともに、ドイツ人の生活基盤の大部分が破壊された。ケルン、ドルトムント、デュースブルクといった多くの都市では、住居の三分の二が灰燼《かいじん》に帰した。

それによって都市住民の多くが、中部・東部ドイツの農村地帯への移住を余儀なくされた。工場全体が機械ごとすべて「空襲のない」地域へと移転され、学校も生徒や教員ごと疎開した。焼け出された人びとや避難民のあいだでは、絶望や屈折した感情が広がったものの、空襲によっておそらくドイツ人とナチ体制との連帯意識は、動揺するよりもむしろ強化されたと考えられる。

なかでも戦争という状況のもとで苦しんだのが、子どもたちである。彼らはナチの世界観のもと、ナチ青少年組織の統制下で教育を受けた。また学校の授業も、完全にではないにせよ、かなりの程度ナチ的な内容であった。子どもたちも、空襲の結果としての避難や「学童疎開」によって、両親による影響を長いあいだ受けないこともしばしばであった。

さらに、年長者たちには義務としての「奉仕」が増える一方であった。収穫の手伝い、少女たちのための「農村奉公年」[6]、高射砲部隊の支援や「空襲警報」のさいの手伝いなどがそれである。しかし、体制が望んでいたように、それによってナチズムの政治的価値観が強化されたのかどうかは、はっきりとしない。むしろ、青少年が相手にたいする敬意の念を失い、粗暴化しているという苦情が増えていた。

それによって青少年のミリューへの結びつきは力を失い、自律性が高まった。それはさまざまなかたちとなって表れている。大人たちの指図や権威を拒否した、プロレタリアの「ヴィルデ・クリケン」[7]や市民層の「スウィング・ボーイズ」、あるいは極端な狂信性を抱いた多くのヒトラーユーゲント部隊があった。とくにヒトラーユーゲント部隊は戦争末期に、親衛隊の規範イメージに忠実に従って、最後の一弾まで戦った。

「民族同胞」と「外国人労働者」

開戦後、ふたたび重要性を増していったのがナチ党である。この間にナチ党組織や、非常に数の多い下部組織に、ドイツ人の三分の二がなんらかのかたちで所属していた。ナチ党は、家族支援、母親の世話、もしくは空襲後の支援活動など国家の果たす機能、あるいは半国家的な機能を徐々に引き継ぐようになっており、その結果、支援と規律化の濃密なネットワークを構築していく。

ナチ党は、息子が徒弟見習いをする場所や、焼け出された家族が住む住居を世話し、ある人間が政治的に信用できる人間であるかどうかのお墨付きを与え、さらにはある男性が

「必要不可欠な人間である uk-gestellt」、つまり企業において「欠くべからざる」人物であるという評価を取り付けて、国防軍に召集されなくても済むようにも手配していた。とくにこうしたことを通じて、ナチ党事務所の権限は著しく強化された。

こうして、膨大な数の幹部が生まれた。地区指導者、ヒトラーユーゲント指導者、街区指導者、保安部のスパイ、地区農民指導者、防空管理者、高射砲補助員、ナチ女性団やナチ国民福祉団の代表者が、それぞれ数万人〔から数十万人〕単位で存在することになったのだ。彼らのうちの多くは制服着用を許可され、かなりの人びとは任務で使用するための拳銃《けんじゅう》を携帯し、これらすべてが、彼らは体制のメッセンジャーであるという装いを与えた。

そのさい、彼らが「公的な」権限と部分的な命令権を与えられたことは、明らかにナチ体制のもっとも魅力的な側面の一つであった。「公」であることを許された人間は、影響力と「コネ」を手に入れた。そのさい、ナチ党幹部が文字通り腐敗していたことは、民族共同体という決まり文句と著しく矛盾してはいる。ただ、特権や優遇措置を求めていたのは戦時下のほぼすべてのドイツ人も同じであり、こうした社会的上昇のかたちが象徴的なものに過ぎなかったのだとしても、自分の社会的地位を誇示すること、あるいは少なくとも自分の状況を改善することには役だった。

民族同胞がそれをもっとも明白に体験することができたのが、数百万人の外国人強制労働者との付き合い方においてであった。すでに、一九四一年初頭の時点でナチ当局は、当初は大いに懐疑的であった「外国人動員」の実験は概《おおむ》ね成功であったと評価している。その実験が彼らに示したのは、人種的な基準に基づいてヒエラルキー化されたナチ社会のモデルは、事実機能していたということであった。さらに、そのような支配システムは、「異民族」にたいするテロルやあからさまなドイツ人優遇の助けを借りることで、ドイツ階級社会内部の社会的緊張を完全に無意味にすることはできなかったものの、それを和らげることはたしかに可能だったのである。

もっとも、ドイツ人の多くは、外国人の命運にあまり関心を示さなかった。自分が生き残ることへの心配が先であり、「外国人労働者」の苦しみは無視されたのだ。そして、自分たちが彼らよりも優遇された立場にあることも、多くは深く考えたりはしなかった。そのさい、ドイツ人の「民族同胞」一人ひとりに、この人種主義的なヒエラルキー内部での積極的な役割が、彼らの個人的な意思とは無関係に与えられた。一九三〇年代にナチと戦っていた社会主義の労働者たちも、一九四二年以降、同じ工場で働くようになったロシア人捕虜や民間人労働者よりも優遇され、それどころか彼らにたいして命令を与えることとすらできるようになった。

一方で、ドイツ人が外国人を助けたり、彼らに追加の食糧を提供したりする事例もあったし、工場でドイツ人と外国人労働者のあいだにきわめて良好な人間関係が存在したことも、しばしば報告されている。もっとも、両者の接触はまれであった。外国人がその場にいることは当然のこととして受け止められ、彼らが社会構造においてドイツ人よりも下位に置かれていることも、同様に当然のことと受け止められた。ナチ期のドイツ社会は人種的に特権をもつ者、優遇される者たちによる支配として機能していたのであり、しかもこれが日常的なルーチン、社会的実践となったことで、このメカニズムは安定したものとなったのだ。

ドイツ人はホロコーストについて何を知っていたか?

東部における戦争遂行のありようが西部と異なっていたことは、ラジオで一度でもヒトラーの演説を聴いたドイツ人なら、誰でも知っていることであった。ドイツにいる人びとが新聞やニュース映画、または前線から休暇で戻ってきた兵士たちが伝える情報から得ていた印象では、国防軍は東部では文明化されていない敵によって野蛮な戦争遂行を強いられており、その細部については知らないほうが身のためだ、というものだった。これがとくにあてはまったのが、ソ連における占領政策である。

ただしそれについて書かれたり話されたりするのは、征服された広大な地域は、ドイツ人による文明化と植民地化をまさに求めているのだと〔話し手や書き手が〕確信している場合に限られた。プロパガンダによってゆがんだかたちで伝えられた、文明化されていない野蛮人としての「ロシア人」イメージは、たしかに数百万人のソ連からの強制労働者の実像と矛盾するものではあったが、東部におけるドイツの占領部隊のやり方について詳しいことなど知りたくもない、と人びとに思わせるには、十分であった。結局は、「それが戦争というものさ Krieg ist Krieg」という論理で片付けられたのだ。

だが、ユダヤ人迫害のやり方は違った。すでに一九四一年秋以降のドイツ諸都市からのユダヤ人強制移送、および移送された人びとの財産の競売は、衆人環視のもと、行われていた。いたるところに、「ユダヤ人は我々の不幸」と書かれたポスターがじっさいに掲げられていたのだ。ドイツ人の一部は移送を歓迎した。たとえばユダヤ人が列をつくって、それぞれの村落から駅へと連れて行かれるさい、子どもや青少年が歓喜の声を上げながら群がったこともまれではなかった。おそらく少数派ではあったが、声の大きな少数派であった。

ドイツ人の大部分は移送にたいして慎重に振る舞い、まったく反応を見せなかった。戦争や前線におけるすさまじい犠牲者数、ドイツ諸都市への空襲、そして依然として深刻な食糧状況を前にしては、一九四一年夏の時点で、わずか一六万五〇〇〇人程度のドイツ・ユダヤ人の命運など、明らかにほとんど関心がなかったのだ。

もっとも、指導的な地位にあるナチは、ユダヤ人殺戮《さつりく》に関する発言について、後の人びとが想像するほど慎重ではなかった。宣伝相ゲッベルスは、たとえば一九四一年一一月一六日、ベルリンでヨーロッパ・ユダヤ人の命運についての決断が下されたさい、週刊新聞『帝国（ダス・ライヒ）』上で「ユダヤ人には罪がある」と題する論説を執筆している。

そこで彼は、一九三九年一月三〇日にヒトラーが国会で、新たに世界大戦が起これば「ヨーロッパのユダヤ人種の絶滅」に繋《つな》がるだろうと脅迫した「予言」を、引き合いに出した。ゲッベルスは次のように記している。

「我々は今まさにこの予言の実行を体験しており、それによって、たしかに過酷ではあるものの、当然でしかない運命がユダヤ人に降りかかっている。［…］世界ユダヤ人は［かつて］我々を絶滅過程のもとに置こうとしていたが、今や彼らが漸進的な絶滅過程のもとに置かれている」[8]。

一九四一年末以降、ソ連で起きていることが、とりわけ休暇で前線から戻ってきた兵士たちの伝える情報によって、さらに広まるようになった。とくに、ユダヤ人の大量射殺とガス殺に関する情報が急速に広がった。だが、数多くの個別情報を一つの全体像へとまとめ上げるためには、それについてもっと知りたいという特別な関心が必要だった。

そのような関心を持っていた人間ならば、一九四二年秋以降、ほぼ正確な知識を得ることができたし、大量殺戮の規模についても推測することができた。だが、実際にそうした人間はわずかであったし、これに関する噂があまりにも恐ろしい内容であったため、それを心の中で抑え込んだり、信じるに値しないものと判断することは容易であった。

だが、ヨーロッパのドイツ占領機関で働いていた民間人・軍人数万人が、ユダヤ人の移送や殺害に直接もしくは間接的に関与していたことを考えれば、選ばれしわずかな者たちだけで共有されていた秘密にすぎないという考えは、かなりの程度誤りだと言える。しかしながら数千人、数万人のユダヤ人（圧倒的多数は子ども、女性と老人が占めていた）の殺戮は、戦時中すでに身の毛のよだつ、恐怖を呼び起こすものというオーラと結びついており、それについては黙っておくか心の中で抑え込んでおくに限ると、人びとは考えたのである。

厭戦ムードの高まり

一九四二年から四三年に年が替わるころ、ドイツ人の雰囲気は徐々に転換しつつあった。ますます深刻になっていく空襲や東部戦線、とくにスターリングラードでの敗北によって、すぐに戦争が終わるという希望は失われていった。こうしてドイツ人の社会的認識はますます自分の生活、自分や前線にいる男たちや兄弟、父が生き延びることにのみフォーカスしていくようになったのだ。

保安部は戦争開始後三年目にあたる一九四二年秋、次のようにまとめている。「国民の大部分の態度は、一定程度の諦念《ていねん》によってかなりの程度特徴付けられており、その諦念がさらに強まって厭戦《えんせん》気分の兆候すら示している事例も、部分的には見られる。食糧状況が徐々に困難になっていること、日常生活のすべての領域について、すでに三年にわたって制限がかけられていること、頻度や規模が増していく一方の敵による空襲、前線にいる家族の命への心配」といったことが、「ただちに戦争が終わってほしいという願望をますます強めている」要因であると。(9)

にもかかわらず、それは「報復」や「最終的勝利」にたいする依然として続いていた希望と完全に両立しうるものであった。たしかに保安部は、ナチ体制やその幹部たちへの批判的な声が徐々に増えてきていることを認識していた。

だが、総統神話は今なお有効であった。依然として、ドイツ人はほぼすべての点で、ヒトラーに信頼を寄せていた。ドイツのプロパガンダが組織的に煽《あお》った赤軍にたいする不安は、多くの人びとを体制へと結びつけた。「恐怖力行」〔人びとの恐怖を煽ることで戦争継続のエネルギーを得るというやり方〕という言葉は、半分はからかいの意味で言われたものだが、半分は本気であった。

だが、ナチ党や保安部の部局による報告書でしばしば書かれているように、ドイツ人のあいだで、「テロ攻撃〔英米軍の空襲〕は、ユダヤ人に行われた措置の結果」なのではないか、そして「もし我々がユダヤ人にあれほどひどい扱い方をしなかったのならば、我々はテロ攻撃でこれほど苦しむ必要もなかったのではないか」という憶測が飛び交っていたことは、きわめて注目に値する。(10) そのような発言は、人びととの体制への忠誠をさらに裏付けるものでもある。つまり、ユダヤ人殺戮に加担したことによって処罰を受けるのではないかと、人びとは不安を抱いていたのだ。

「君たちは総力戦を望むか？」

スターリングラードでの敗北にナチ体制は、戦争の「全面化（総力戦化）」の大々的なキャンペーンを張ることで、これに対抗した。ゲッベルスによれば、すべてのドイツ人は今や、「我々が征服され、全員が喉元《のどもと》を掻《か》き切られるかもしれないという状況において、それぞれのドイツ人が国民社会主義にたいしてどのような考えをもっているかなどということは、どうでもよい」ということを認識しなければならない。今や、すべてのドイツ人が社会的地位に関係なく、勝利のために全力を尽くさなければならない。ドイツ人女性はさらに戦時経済へと組み込まれなければならず、外国人労働者は（よい食事を提供するかわりに）より高い業績を目指さなければならず、戦争にとって重要ではない企業は停止されなければならない(11)。

これがプロパガンダ・キャンペーンの中核となるメッセージであり、その頂点は、一九四三年二月一八日、ベルリン・スポーツ宮殿（シュポルトパラスト）におけるゲッベルスの演説であった。この演説で彼は、会場に集まった人びとに次のように呼びかけた。

「君たちは総力戦を望むか？(12)」

しかしこれは、戦争目的の宣伝としては注目に値する方向転換であった。それまでの東部における戦争は、主として生存圏を求めての戦争であった。今や戦争は、共産主義ソ連の支配にたいする「文明化されたヨーロッパの防衛戦争」となったのだ。「ヨーロッパ対ボリシェヴィズム」は、まさに東部における戦争の中心的な決まり文句となった。赤軍による脅威を前にして重要なのは、「ヨーロッパ諸民族は今やあらゆる違いを忘却すべきであること、家族間での争いは戦後まで延期すべきであること、そして今重要なのは、全員の家から火事を遠ざけておくこと」であると[13]。

ドイツが統一ヨーロッパの盟主として、ボリシェヴィキの東からの脅威に対抗するということ。これこそが、戦後秩序への展望となるべきであった。過去数年間にわたる西欧諸国でのドイツの占領政策や移送政策の現実を見れば、これはかなり馬鹿げたイメージでもあったが、だからといって、このキャンペーンにまったく効果がなかったわけでもなかった。

国内におけるテロルの強化

戦況悪化にたいする体制側のさらなる反応は、ドイツ国内での暴力の増加というかたちで表れた。「敗北主義者」や「悲観論者」として処罰された人びとの数は、一九四三年以降、はっきりと増えた。死刑判決も数倍に膨れ上がった（一九四一年の九二六件から、一九四三年の五三三六件へ）[14]。体制への批判的な発言や、戦争の経過についての懐疑的なコメントゆえに、今や多くの人びとが死刑判決を受けるようになった。

たしかにゲシュタポの活動の四分の三以上は、引き続き、外国人強制労働者にかんするものであり、彼らは国内の治安への脅威であると次第に見なされるようになっていた。だが、遅くとも一九四三年中盤以降、体制によるテロルはドイツ人にも再び向けられるようになっていったのである。

こうして最後の二年間には厭戦気分、強まる脱政治化、「恐怖力行」、総統への信頼、すぐに戦争が終わることへの希望とそのことへの不安が同程度に現れたし、これらが同時に現れることもしばしばであった。そのさい、人びとの考え方や態度において、社会的、政治的、部分的には地域的な帰属意識とのつながりがますます失われていった。

これには多くの理由がある。〔空襲によって〕諸都市の居住地域がますます破壊されていったこと、人びとが次々と軍隊へ召集され、外国人〔労働者〕が動員されたことによって工業労働者の構造が急激に変化したこと、男たちが〔それまでのミリューから引き剝《は》がされ〕社会的にごった煮的な国防軍に投げ込まれて、戦時動員を長年にわたってともに経験したこと、女性や子どもたちは奉仕義務や疎開を経験し〔て同じく、それまで慣れ親しんだミリューや地域から引き剝がされ〕たこと、そして不足する品々が配給制になったことなどが、その理由として挙げられる。

かつて自分が帰属していた階級や社会ミリューとの結びつきが完全に失われたわけではないものの、その重要性は徐々に失われていった。かわりに形成されたのが運命共同体であり、それがどのようなものとなるかは、地理的、軍事的、政治的要因、そしてとくに偶然によって左右された。

【第一四章　註】

（1）Sopade-Berichte, August-Oktober 1939, S. 975-983; Januar 1940, S. 29 f.

（2）Meldungen aus dem Reich, 1938-1945. Die geheimen Lageberichte des Sicherheitsdienstes der SS, hg. v. Heinz Boberach, Herrsching 1984, Bd. 9, 23.3.1942, S. 3505.

（3）Rede Hermann Görings 4.10.1942 以下に載っている。Götz Aly（Hg.）: Volkes Stimme. Skepsis und Führervertrauen im Nationalsozialismus, Bonn 2006, S. 149-194.

（4）Meldungen aus dem Reich, Bd. 9, 23.3.1942, S. 3505. 文中の省略は明記していない。

（5）Birthe Kundrus: Totale Unterhaltung? Die kulturelle Kriegsführung 1939 bis 1945 in Film, Rundfunk und Theater, in: DRZW, Bd. 9.2, S. 93-157, hier S. 114.

（6）〔訳註〕国民学校を卒業したばかりの者が、八ヶ月にわたって宿泊生活をしながら、農作業を手伝った。

（7）〔訳註〕社会主義や共産主義の青年たちによる集団をさし、政治的な運動というよりは、飲酒・喫煙、あるいはボクシング、格闘技、サッカーなどのスポーツを楽しんだ。

（8）Joseph Goebbels,《Die Juden sind schuld!》, in: Das Reich, 16.11.1941. S. 113.〔ヴィンクラー前掲書、八八頁を参考にした〕

（9）Meldungen aus dem Reich, Bd. 11, 3.9.1942, S. 4164.

（10）Berichte von Partei-und SD-Stellen: Berichte d. NSDAP Kreisschulungsamts Rothenburg/T., 22.10.1943, und d. SD-Außenstelle Schweinfurt, o. D., 1944, in: Kulka/Jäckel, Die Juden, S. 532, S. 537.

（11）Ministerkonferenz, 21.1.1943, in: Willi A. Boelcke（Hg.）: Wollt Ihr den totalen Krieg? Die geheimen Goebbels-Konferenzen 1939-1943, Stuttgart 1967, S. 322-324, hier S. 324.

（12）Helmut Heiber（Hg.）: Goebbels Reden 1932-1945, Bindlach 1991, S. 203-205.

（13）Propagandaministerium, Ministervorlage Taubert vom 31.1.1943. 以下に引用されている。Herbert, Fremdarbeiter,

S. 240.

（14）Nikolaus Wachsmann: Gefangen unter Hitler. Justizterror und Strafvollzug im NS-Staat, München 2006, S. 195-239, S. 451.

第一五章　ドイツ国内での抵抗

*

戦争の最終段階になると、ドイツ国内でもナチ体制への抵抗のうごきはふたたび強まった。ナチは一九三六年までに、労働者による抵抗運動をおおむね壊滅させることに成功していた。労働組合や社会民主党の指導的な幹部の多くは国外に亡命し、ほかの人びとは監獄か強制収容所に閉じ込められていた。もっとも厳しい迫害を受けたのは共産主義者である。数百人が殺害され、数千人が強制収容所に、そして彼らがこれを生き延びた場合には、引き続き刑務所に送られた。釈放された者は姿をくらまして生き延びようとした。

対ソ戦が始まると、体制批判者たちの活動はふたたび増加したが、そこから有効な活動が生じることはなかった。だが、こうした活動をつうじて、戦争最後の二年間にふたたび結びつきや接触が図られたことで、社会民主党員、共産党員、およびキリスト教徒のヒトラーへの敵対者、自由主義者、労働組合員たちが、戦後に比較的早い段階で政治活動を再開することができた。

ナチ体制が支配したすべての時期にわたって、数多くのきわめて多様な抗議、反対、抵抗のかたちが存在したことは間違いない。たとえば、教会の「安楽死」にたいする抗議の例ではっきりと示されたように、あるいはのちにショル兄妹の周囲で行われたように〔いわゆる「白バラ」〕。そして保安部が敏感にキャッチして調査していた、社会的不平等や羽振りのいい人びとに与えられていた特権や食糧不足についての人びとによる数多くの不満の声は、いくつかの点において見られた批判や不同意の根深い構造を物語っている。

もっとも、紛れもなくナチ党員である人びとですら、そうした不満を抱いていた。彼らは政権のいくつかの措置には同意していなかったのだ。たとえば、総督府のドイツ占領体制の高官として、ユダヤ人迫害と絶滅収容所への移送に直接関与しておきながら、ヒトラーの教会政策は支持せず、それにたいする抗議の声を強く示した者もいた。

またカトリックや労働者運動の一部のように、確固たる世界観をもっているミリューにおいても、ナチ党が浸透しようとしてくるのに抵抗の意を示したことはあった。もっともこれらのミリューは、ドイツ人が継続的に動員対象となることによってその強固な一体性を徐々に失い、とりわけ若い世代は官僚機構や国防軍で昇進の誘いを受けると、断って元のミリューにとどまることは難しかった。

国民保守派による抵抗

しかしながら、政権にとってもっとも危険な抵抗組織は、ナチ党員やその連立相手の人びとによるものであった。とりわけ戦争の過程で、ヒトラーによる支配やその体制にたいするもっとも手厳しい批判者となったのは、将校、高級官僚、大学教授である。彼らはたいてい「国民保守的」な考えの持ち主として叙述されるが、すべての人びとがそうだったわけではない。当初、彼らの多くは「国民的独裁」の支援者であったり、あるいは熱狂的な支持者であったりしたが、軍事的敗北の危険、そしてドイツ帝国の没落を目の当たりにしてナチ体制の敵対者となっていった。

かなりの人びとは、体制による大量殺戮《さつりく》を知ったことで（彼らのうちの何人かはこれに積極的に関与したのだが）、ナチ体制へさらに距離を置くようになった。クラウス・シェンク・グラーフ・フォン・シュタウフェンベルクは、次のように記している。「全体状況が悪化した根本的な原因は、占領諸国の扱いにある。軍事的状況の終わりの始まりとなったのが、ロシア戦役だ。すべての政治委員殺害の命令によって始まり、捕虜を飢え死にさせるがままにしておき、民間人労働者を獲得するために人狩りを実施するというかたちで続けられたのだ(1)」。

このグループに集った人びとは比較的少数であり、積極的な参加者は、あわせてもおそらく数百人程度であろう。しかしながら、この方面からの攻撃をゲシュタポは予期していなかったため、もう一つのドイツが目指すべき目標や原則について密《ひそ》かに議論し、転覆のための計画を練り上げることに成功する。最終的にこれが、一九四四年七月二〇日のヒトラー暗殺の実行に繋《つな》がり、これに続いて国防軍の多くが広範囲で蜂起《ほうき》し、新政府が立ち上げられることになっていた。だが暗殺が失敗したため、転覆の試みは失敗し、それに参加した人びとはほぼ全員の死をもって終わった。

国民保守派による抵抗に参加した多くの人びとにとって決定的だったのは、彼らはナチズムをもはやかつてのように秩序政策の面で自由主義に取って代わる選択肢としては理解しておらず、むしろ拒否すべき「大衆社会」や物質主義の表れとして理解していたという点である。そのため、共謀者たちのサークル内で議論された新たな国家や社会の構想のほとんどは、二〇年代に国家国民党や国民保守派が抱いていた考え方と同じものだった。

彼らが目指したのは、議会制民主主義ではなく、身分制の原理に基づいてつくられた議会である。モデルネの文化を排除し、調和的で民族共同体的な秩序をつくることが目標であった。その秩序によって階級闘争や宗派による分断を克服する、つまりは民族運動と権威主義的な指導部を結合させることが、彼らの願いであったのだ。西欧的な民主主義という将来像はまったく、あるいはほとんどここには見られなかった。

しかし、同じ指摘は共産主義者にもあてはまる。彼らはたしかに、ナチ・ドイツの支配に全ヨーロッパで、もっとも断固たる、かつもっとも精力的な抵抗集団として活動し、またそのような存在として見られていたが、彼らの戦後ドイツ構想はスターリン・ソ連を模範としており、その限りで、ある独裁を別の独裁に置き換えようとしていたにすぎなかった。

ドイツが敵国によって包囲され、社会全体が一種の防空壕《ごう》のような重苦しく閉鎖的な雰囲気に包まれるなかで、人びとの関心は戦争と生き残ることにフォーカスしており、これから先どうなっていくのかイメージを膨らませることは、そもそもこの先があるのかどうかすら不確かである以上、困難であった。

そのため、将来を形作っていくような新たな考えが生まれたのはむしろ亡命者たち、たとえばイギリス、スカンディナヴィア諸国、アメリカにいた社会民主党員の周辺である。彼らは共産主義を拒絶し、階級横断的な社会民主主義的政党を目指すことで、意見が一致していた。似たような状況は市民層の陣営にもあった。民主的で社会的で市場経済的な方向性をもち、宗派や階級を横断したキリスト教的・市民的な結集政党というコンセプトは、彼らのあいだで多くの支持者を獲得していく。

それにたいして、ドイツ人のあいだでは七月二〇日以降、騒乱や転覆の試みが起こる気配はまったくなかった。民情報告が伝えているのはむしろ、ヒトラーが暗殺をほぼ無傷で生き延びたことへの、人びとの安堵《あんど》と喜びの念である。「ほぼ例外なく、総統への結びつきは強まり、指導部への信頼は強化された」という報告が、一致してあらゆる地域から寄せられた。

ナチスでない人びとにも暗殺は拒絶されていた。「なぜなら彼らは、総統だけが現状を乗り切ることができ、彼の死は結果としてカオスと内戦をもたらすだろうと確信しているからである」(2)。総統神話は、軍事状況や空襲によってたしかにかなりの程度傷ついたが、依然として機能していた。

【第一五章　註】

（1）以下に引用されている。Hans Mommsen: Die Stellung der Militäropposition im Rahmen der deutschen Widerstandsbewegung gegen Hitler, in: ders., Alternative zu Hitler, Studien zur Geschichte des deutschen Widerstandes, München 2000, S. 366-383, hier S. 372, 374.

（2）Meldungen aus dem Reich, Bd. 17, 28.7.1944, S. 6684; 2. Zitat: Präsident des OLG Nürnberg. 以下に引用されている。Ian Kershaw, Der Hitler-Mythos: Volksmeinung und Propaganda im Dritten Reich, Stuttgart 1980, S. 187 f.〔柴田敬二訳、『ヒトラー神話―第三帝国の虚像と実像』、刀水書房、一九九三年、二二九頁以下〕

第一六章　終焉

＊

一九四四年一二月までの段階で、西側・東側連合国はすでにドイツ本国の国境近くまで進撃してきていた。戦争の帰趨《きすう》はとうに明白であったが、戦闘の激しさは一九四四年夏と四五年初頭のあいだにふたたびその頂点に達した。

一九四四年一二月、国防軍は西部でイギリス、アメリカ軍部隊にたいする奇襲攻撃を開始した。その地点はアルデンヌであり、ドイツ軍が四年半前にフランスに圧勝したさいに攻撃を開始した地点である。目標は、西側連合国の部隊を西方にむかって大きく押し戻し、北海《ほっかい》沿いのベルギーの港湾に到達して補給路を遮断することであった。その後、集中させた部隊によって東部戦線でも打撃を与えることが、もくろみであった。

実際には、ドイツ軍はアルデンヌ攻勢で九万人以上の兵力と、膨大な予備の武器を失った。とくに、アルデンヌ攻勢が重大な影響を及ぼしたのが、西側連合国とソ連との関係である。この攻勢によって、ドイツ本国へのアメリカ軍の進撃がおよそ四週間遅れたために、米英とソ連でどちらがより多くのドイツ本国の領土を獲得できるかの競争で、ソ連は明らかに優位に立ったのである。

赤軍はすでに一九四五年一月一二日、冬季攻勢を開始しており、一月二一日にはドイツ本国の東プロイセンに侵攻、一月二九日にはケーニヒスベルクに到達した。一方、西側連合国は二月八日になって、ようやく本国への突進を開始することができた。

戦争の最終段階では、暴力がそれまでに体験したことのない規模で、ドイツ人民間人にもおそいかかった。連合国による空襲は、さらに規模を増して続けられた。ドレスデンは二月一三日から一五日にかけて、戦時下でもっとも大規模な空襲を受け、この空襲で街は完全に破壊されて、最大二万五〇〇〇人が亡くなっている。

東部ではドイツ人民間人が、復讐《ふくしゅう》のすさまじい憤りに燃えるソ連軍部隊の犠牲となった。それまで国防軍によってほぼ二年にわたって占領され、国防軍の撤退のさいに広範囲に破壊された地域を、ソ連軍は一五〇〇キロ以上西に向かって進軍した。そして、東プロイセンでドイツ国境を越え、破壊されていない豊かな土地を目の当たりにして、ドイツ人への復讐を行ったのだった。

そのさいに殺害されたドイツ人民間人の数を正確に知ることは、困難である。直接の犠牲者は二万四五〇〇人、暴行のさいの犠牲者などを含めると、おそらくあわせて九万人以上が殺されたと考えられる。赤軍兵士によってレイプされた女性の数は、ベルリンだけでも一〇万人以上にのぼり、ドイツ本国全体では最大一〇〇万人に達すると推計されている。東欧、南欧の全域で、ドイツ人はドイツ本国に向かって避難していた。スロヴァキア、クロアチア、ユーゴスラヴィア、ルーマニア、そしてとくにドイツの東部地域からの避難である。そのさい、身の毛のよだつような光景が展開された。人びとは凍死し、低空飛行する航空機によって射殺され、あるいはソ連軍部隊によって追い越されて彼らの犠牲となった。

ポーランドやチェコスロヴァキアでは、新政権が発足すると、ただちにドイツ系住民の所在を調べ上げ、彼らの迅速な国外追放を開始した。この追放は、きわめて残酷なものであった。ドイツの占領権力が長年にわたってやってきた差別や抑圧のかたちを、今やドイツ人が自分の身で経験することとなった。こうして数ヶ月、場合によっては数年にわたって続くドイツ人の逃避行が始まった。

あらたにつくられた四戦勝国による占領地区へと流れ込んできた避難民や被追放民の数は、あわせておよそ一二五〇万人に達した。そのさいに亡くなった人びとの数を知ることは難しいが、一〇〇万人を下ることはない。

ドイツ側では一九四四年九月以降、大急ぎで「国民突撃隊」という、にわか仕立ての部隊が創設された。若者と老人男性からなり、武器も劣悪でろくに訓練も受けず、ほとんどは制服も着ないまま連合国軍の部隊との戦いに放り込まれた。したがって、犠牲者の数も多かった。戦時中に命を落とした三二〇万人のドイツ兵のうち、その半分以上は最後の一〇ヶ月に亡くなっている。

戦争の最終段階における総統国家の崩壊は、決定の権限が中央の手を離れていったことと軌を一にしていた。ゲシュタポ、ナチ党活動家、さらにはヒトラーユーゲント部隊による暴力は、今や兵士にとっても民間人にとっても脅威となっていた。

移動即決裁判は、脱走と疑われた兵士たちを、きちんと立証することもなく公開の場で絞首刑にした。敵軍が接近してきたさいに自分の街の降伏を要求したり、ドイツの最終勝利を疑う発言をしたりする民間人は処刑された。その場合、首にプラカードをくりつけられ、そこには次のように書かれていた。

「怯懦《きょうだ》ゆえ、死刑判決をうけた」。

戦争最後の数週間には、いたるところで外国人強制労働者の殺戮《さつりく》が行われた。その理由は、実際に略奪を行った、あるいは略奪したのではないかと疑われたことだったり、ドイツの諸都市の空爆にたいする「報復」だったりした。だが、しばしば目立っていたのは、黙示録的なふるまいである。つまり、自分が破滅するのであれば、できる限り多くの敵を殺してから死にたいというものであり、その対象は無防備な東方からの労働者であった。

だが、もっとも恐ろしい命運がおそったのは、強制収容所の囚人だ。一九四五年一月、七〇万人以上の囚人が登録されていたが、その大部分は進撃してくる敵部隊を避け、後方の強制収容所へ送ることとされた。こうして数万人の囚人が徒歩による行進で、できる限りすぐに本国の中央部へと移動しなければならなかった。疎開させられた囚人の半分以上は、この死の行進で命を失ったが、殺害によるものもあれば、衰弱や病気によるものもあった。

ベルリンの戦いは四月一六日に始まり、最終的には二週間に及ぶ市街戦となった。その過程で亡くなったドイツ人民間人の数は、この街が戦時下で経験したあらゆる空襲の犠牲者数を足しあわせた数よりも多い。

ヒトラーは、何人かの忠実な部下たちとともに総統官邸の地下壕《ごう》にたてこもり、四月三〇日に自殺した。一週間後、国防軍は降伏した。ヨーロッパの戦争は終わり、それとともに第三帝国も終焉《しゅうえん》を迎えた。

第一七章　おわりに

＊

一九三三年一月、ヒトラーとともに「右派の大同団結 Große Rechte」が政権に就いた。彼らは世紀転換期以降、自由主義、社会民主主義、議会制民主主義、そしてモデルネの文化にますます態度を硬化させていく。第一次世界大戦でドイツが敗北したことで、彼らと共和国派の諸勢力との対立は先鋭化したが、一一月革命で左派と民主主義者が勝利したことによって、その対立はひとまず終わった。

しかしながら、軍事的敗北も、共和国と民主主義の勝利も右派の受け入れるところとはならず、西欧および東方〔ソ連〕の国際主義、およびユダヤ人による支配のあらわれとして認識された。ユダヤ人にたいして極右は今や、特別な憎悪を向けるようになっていった。かつての状況を再び作り出そうとする試み〔カップ・リュトヴィッツ一揆《いっき》など〕が失敗すると、右派は組織を再編成し、世界恐慌が発生すると、ナチ党という近代的な「ファシズム」の大衆運動が表舞台に登場する。

この運動はほかの「国民的陣営」と綱領において異なるところはなかったが、その狂信性と急進性において際立っており、ヒトラーというカリスマ的な指導者を擁していた。ヒトラーはその点で、伝統的な右派政党の名士たちよりも、あきらかに優れていたといえる。一九三〇年代初頭の選挙でナチ党が高い得票率を得たことは、有権者の多くがヴァイマル共和国を見放したことを示すものだった。ナチ党を右派の連立政権に加えることで、彼らを統合させ、その急進性を和らげることができると国民保守派の人びとは計算していたが、そのもくろみは数週間の内に失敗した。

なぜならナチは、政治的な敵対者から権力を奪い、共和国のさまざまな制度を破壊し、一党支配の独裁制を驚くほど短期間で確立することに成功したからだ。この独裁体制の内部には、部分的には非常に矛盾するさまざまな利害が併存していたが、ヒトラーだけがそれを一つにまとめる構造になっていた。

内政面でナチが目標としたのが、「民族共同体」の建設であった。政治的、社会的、宗派的な対立のない、議会も政党もない、調和的な国民国家というビジョンである。この政策のコインの表面をなしたのが、平等という建前、国民にたいするさまざまな配慮、福祉国家的な措置の拡充だったとすれば、あらゆる敵対勢力の政治的抑圧や人種的排除が、コインの裏面であった。

社会的な基準ではなく、民族的もしくは人種的な基準による社会のヒエラルキー化によって、多くの人びとが民族同胞として優遇措置を受ける一方、一部の人びとはそこから排除された。そうした少数派こそが、近代のさまざまな問題をつくりだした責任者であるとされた。つまり、「共同体の敵」とされた人びと、障礙《しようがい》者、とりわけユダヤ人であった。

外交面でナチが優先的目標としたのは、報復戦争によって、国民としての偉大さを取り戻すことである。経済と財政を戦争準備へと迅速かつ完全に切り替えることで、ドイツの国民経済は急速にその力を取り戻したが、資源不足もただちに深刻な問題となり、その解決の方法も見つからなかったため、征服戦争は選択肢の一つから、それ以外にありえない選択肢へと切り替わった。

ヴェルサイユ条約の修正を迫るドイツの政策が著しい成功をおさめたことで、国民の間では体制にたいする強い支持が広がった。このことは、経済的な安定や、それによる生活状況の改善にもあてはまる。ドイツ社会で次第に多くの人びとが体制に忠誠を誓うようになっていったこと、そしてかなりの国民をみずからの目標のために動員できたことの理由はまさにこの点にあったのであり、監視やテロルだけが原因ではなかった。

開戦によって、体制の性格は根本的な変化を遂げた。ここに至るまでの独裁体制の性格は、一九三〇年代のほかの権威主義やファシズムの体制と比肩しうるものであったのにたいし、戦時下で生まれたのは歴史的に例を見ない暴力支配だったのだ。すでに開戦後数週間の段階で、体制はドイツ国内の数万人の障礙者殺害を開始しており、それは国家の手によって大量殺戮《さつりく》を行う用意があることをおおっぴらにしているのに等しかった。

植民地主義的な特徴をもつ、純粋に暴力的なポーランドにおける占領支配、ソ連における絶滅戦争、そしてヨーロッパ・ユダヤ人へのジェノサイドの開始が示している恐怖支配の諸段階は、それまでに知られていたあらゆる次元を超越するものであった。そのさい、ナチ指導部とドイツ人の一部のあいだで一種の共謀関係が生まれ、人びとはそうした関係から終戦まで抜け出すことができなかった。

戦争が終わったときの破壊の規模がいかほどであったか、殺害されたり亡くなったりした人びと、手足を失ったり負傷したりした人びと、住居を失った人びと、避難民、孤児がはたしてどれくらいいたのかは、ほとんど想像を絶する。ヨーロッパにおける第二次世界大戦の死者数は五〇〇〇万人を超え、軍人と民間人がそれぞれ半分を占める。ヨーロッパ大陸は、大西洋からクリミア半島にいたるまで、その大部分が荒廃した。空襲の凶暴さ、前線の崩壊、最後の数ヶ月におこった暴力行為の数々は、戦争の帰趨《きすう》についてドイツ人が抱いていた幻想を破壊した。

ドイツ人によって始められたこの戦争が終わったとき、そこにあったのは、近代の歴史において、いまだかつてなかったような軍事的、政治的、そして道徳的な敗北であった。

訳者あとがき

本書と著者について

本書は、フォルカー・ベルクハーン『第一次世界大戦――1914-1918』（鍋谷郁太郎訳、東海大学出版部、二〇一四年）、アンネッテ・ヴァインケ『ニュルンベルク裁判――ナチ・ドイツはどのように裁かれたのか』（板橋拓己訳、中公新書、二〇一五年）、ユルゲン・コッカ『資本主義の歴史――起源・拡大・現在』（山井敏章訳、人文書院、二〇一八年）などと同様、C・H・ベック社の「ヴィッセン（知識）」叢書《そうしょ》の一冊である。一九九五年に刊行が始まったこの叢書は、歴史、文学、言語、医学、心理学、音楽、自然、技術、哲学、宗教、芸術などあらゆるテーマについて、その道の代表的な専門家が新書サイズの一〇〇頁強というコンパクトなサイズで概説を提供するものであり、現在五〇〇冊以上が刊行されている。最新の研究状況を踏まえ、そのテーマに関する包括的な視座を提供する、信頼性の高いシリーズとして定評がある。

著者のウルリヒ・ヘルベルトは一九五一年生まれ、現在はフライブルク大学名誉教授で、専門はナチズムを中心としたドイツ近現代史である。

ヘルベルトが一躍有名になった研究が、一九八五年に刊行された博士学位論文『外国人労働者―第三帝国の戦時経済における「外国人動員」の政策と実践』[1]である。ナチ体制下の外国人労働者政策に関する記念碑的な研究であり、このテーマでは現在でも真っ先に参照される文献となっている。次いで、一九九六年に刊行された教授資格論文『ベスト―急進主義、世界観、理性に関する伝記的研究』[2]はヴェルナー・ベストという、国家保安本部人事局長、デンマーク国家全権委員などを歴任した人物に焦点を合わせ、ナチ体制における幹部のありようの一つの典型を浮き彫りにした。この研究を一つのきっかけに、「加害者研究」という、ナチズムに加担した人びとについての伝記研究が盛んに行われるようになった。

ほかにもヘルベルトの著書、編著は多いが、最近では一五〇〇頁に及ぶ概説書『二〇世紀ドイツの歴史』[3]がある（英語版も刊行されている）。本書はこの本をベースにしている。

ヘルベルトの著作がいままで日本語に翻訳されたことはないが、ホロコースト研究に関する論文が一本だけ翻訳されている。[4]

本書の位置づけ

一九八〇年代までのナチズム研究はおおむね、「意図派」と「機能派」という枠組みで進んできた。ナチ体制は、ヒトラーの意図や思想が上意下達されていく全体主義体制なのか（意図派）、あるいは機能（幹部）エリート達がさまざまに体制に関与することで成り立っていた多頭制的な支配なのか（機能派）という議論の枠組みである。

しかしこうした研究枠組みは、一九九〇年代以降大きく変わることになる。ヒトラーやエリート達だけでなく、いわゆる「ふつうの人びと」の同意、協力、支持によってナチ体制は支えられていたのだという「賛同に基づく独裁」論が学界を席巻《せっけん》するようになったのである。人びとは暴力によって強制されたりプロパガンダによって「洗脳」されたりしただけでなく、それぞれが「主体性」と「動機」をもってさまざまなかたちでナチ体制に協力していったことが、実証的に明らかにされた。「ふつうの人びと」とナチ体制を繋《つな》ぐ要因の解明が、現在でも精力的に続けられている。

そのさい一九九〇年代の研究でキーワードとなったのが「人種主義」であり、一九世紀末以降にヨーロッパで猛威を振るうようになったこのイデオロギーがナチ体制によってどのように利用され、人びとがこれをいかに受容していったのかが検討された。だが二一世紀に入ると、人びとがナチ体制へと包摂される一方、ユダヤ人などが排除されていった要因を、人種主義や反ユダヤ主義といったイデオロギーだけでなく、より包括的に分析しようとする動きが強まることになる。それが「民族共同体」論であり、本書はまさにそうした流れを踏まえた最新の概説書と言える。それ以外の本書の位置づけについては、訳者まえがきを参照されたい。

本書は訳者の勤務校である東京外国語大学の二年生向けの講義で、二年間かけて講読を行った。ドイツ語を学習し始めてまだ一年半程度の学生たちが示す優れた読解力には、幾度となく驚かされた。辛抱強く付き合ってくれた皆さんに感謝したい。

最後に、訳者の度重なる問い合わせにも快く応じて下さった著者のヘルベルトさん、訳稿に目を通し貴重な助言をしてくださった田野大輔さん（甲南大学）、本書刊行の申し出を快く引き受けていただき編集作業にご尽力いただいた角川新書の岸山征寛さん、小川和久さんにも、心より御礼申し上げる。

【訳者あとがき　註】

（1）Ulrich Herbert: Fremdarbeiter. Politik und Praxis des "Ausländer-Einsatzes" in der Kriegswirtschaft des Dritten Reiches, Berlin, Bonn 1985.

（2）Ulrich Herbert: Best. Biographische Studien über Radikalismus, Weltanschauung und Vernunft, 1903-1989, Bonn 1996.

（3）Ulrich Herbert: Geschichte Deutschlands im 20. Jahrhundert, München 2014.

（4）ウルリヒ・ヘルベルト（永岑三千輝訳）「ホロコースト研究の歴史と現在」『横浜市立大学論叢社会科学系列』五三（一）（二〇〇二年）。

読書案内――さらに読み進めたい人のために

ここでは、本書を読んでさらにナチズムについて理解を深めたいと思われた方のために、日本語で読める概説的な文献を一〇点程度紹介しておきたい。

まず、本書と併せて是非読んでいただきたい入門書が三冊ある。

①芝健介『ホロコースト―ナチスによるユダヤ人大量殺戮の全貌』中公新書、二〇〇八年。

②石田勇治『ヒトラーとナチ・ドイツ』講談社現代新書、二〇一五年。

③リチャード・ベッセル、大山晶訳『ナチスの戦争 1918-1949―民族と人種の戦い』中公新書、二〇一五年。

この三冊は本書と相補的な関係にある。ナチズム全体を俯瞰《ふかん》する本書にたいし、①はホロコーストに焦点を合わせている。また、第二次世界大戦に重心を置いている本書とは対照的に、②はナチ体制の成立と、一九三九年までの過程を丁寧に叙述している。また訳者あとがきでのべたように、③は「人種主義」論という一九九〇年代の研究潮流を軸にした概説書であり、本書と読み比べることで、近年の研究状況の進捗《しんちょく》についても理解することができよう。なお、人種主義国家としてのナチ体制について知りたい方には、④**マイケル・バーリー／ヴォルフガング・ヴィッパーマン、柴田敬二訳『人種主義国家ドイツ―1933-45』刀水書房、二〇〇一年**をすすめたい。

本書よりもさらに詳しい概説書を読んでみたいという方には、⑤**リチャード・J・エヴァンズ、大木毅監修、山本孝二訳『第三帝国の到来』（全二巻）白水社、二〇一八年**がある。「第三帝国の歴史」シリーズとして全六巻の刊行が予定されている。

ヒトラーについては日本語でも数多くの本が出されているが、凡百の文献に目を通すよりは、⑥**イアン・カーショー、川喜田敦子訳『ヒトラー：1889-1936―傲慢』（上巻）福永美和子訳『ヒトラー：1936-1945―天罰』（下巻）、いずれも石田勇治監修、白水社、二〇一六年**を通読することを強くおすすめする。上下巻あわせて二〇〇〇頁近くに及ぶが、信頼のおける情報を入手するためにはそれがもっとも確実で、最終的にはもっとも「楽」な方法である。

一九九〇年代以降ナチズム研究で重要な地位を占めるようになってきた「ふつうの人びと」というテーマについては、以下の四点を紹介したい。⑨は、訳者あとがきで述べた

「賛同に基づく独裁」論の典型とも言える文献で、人びとがゲシュタポ（秘密国家警察）に密告を行うことでナチ体制による抑圧が可能になっていたことなどが指摘されている。⑧は、労働者と農民の日常生活からナチ体制を描き出す。⑦の原著が出されたのは一九八二年と、刊行からすでに四〇年近くが経過している「古典」だが、その説得力は今も色あせない。⑩では戦時下の人びとの暮らしを具体的に知ることができる。

⑦デートレフ・ポイカート、木村靖二・山本秀行訳『ナチス・ドイツ―ある近代の社会史』三元社、一九九一年（改装版二〇〇五年）。

⑧山本秀行『ナチズムの記憶―日常生活からみた第三帝国』山川出版社、一九九五年。

⑨ロバート・ジェラテリー、根岸隆夫訳『ヒトラーを支持したドイツ国民』みすず書房、二〇〇八年。

⑩ロジャー・ムーアハウス、高儀進訳『戦時下のベルリン―空襲と窮乏の生活 1939-45』白水社、二〇一二年。

本文中には、「ジプシー」「原住民」など、今日の人権擁護の見地に照らして不適切と思われる語句や表現がありますが、ナチ期に迫害に用いられていた表現を批判的に検証していること、また、当時の差別的な社会状況を二度と繰り返してはならないという意図から、原文に忠実に訳出しました。

ウルリヒ・ヘルベルト
1951年生まれ。歴史学、ドイツ学、民俗学を修めた後、エッセン大学、ハーゲン通信大学、テル・アヴィヴ大学、ナチズム史研究所所長を経て、1995年から2019年まで、フライブルク大学近現代史講座教授。現在、フライブルク大学名誉教授。専門はドイツ近現代史、とくにナチズム研究。著書に『外国人労働者　第三帝国の戦時経済における「外国人動員」の政策と実践』(1985年)、『ベスト　急進主義、世界観、理性に関する伝記的研究』(1996年)、『20世紀ドイツの歴史』(2014年、いずれも未邦訳) など多数。ドイツ国内でもっとも顕著な業績を挙げた研究者に与えられるゴットフリート ヴィルヘルム ライプニッツ賞を、1999年に受賞している。

(訳) 小野寺拓也 (おのでら・たくや)
1975年生まれ。東京大学大学院人文社会系研究科博士課程修了。昭和女子大学人間文化学部を経て、現在、東京外国語大学世界言語社会教育センター講師。専門はドイツ現代史。著書に『野戦郵便から読み解く「ふつうのドイツ兵」　第二次世界大戦末期におけるイデオロギーと「主体性」』(山川出版社)、共著に『エゴ・ドキュメントの歴史学』(長谷川貴彦編、岩波書店)、訳書に『兵士というもの　ドイツ兵捕虜盗聴記録に見る戦争の心理』(ゼンケ・ナイツェル／ハラルト・ヴェルツァー著、みすず書房) などがある。

第三帝国《だいさんていこく》

ある独裁《どくさい》の歴史《れきし》

ウルリヒ・ヘルベルト　小野寺拓也《おのでらたくや》（訳）

2021 年 2 月 10 日　初版発行
2021 年 3 月 25 日　3 版発行

◇◇◇

発行者　青柳昌行
発　行　株式会社KADOKAWA
〒102-8177　東京都千代田区富士見 2-13-3
電話　0570-002-301（ナビダイヤル）

装 丁 者　緒方修一（ラーフイン・ワークショップ）
ロゴデザイン　good design company
オビデザイン　Zapp!　白金正之
印 刷 所　株式会社暁印刷
製 本 所　株式会社ビルディング・ブックセンター

角川新書

ISBN978-4-04-082340-9 C0222

KADOKAWAの新書 ✤ 好評既刊

ステップファミリー
子どもから見た離婚・再婚

野沢慎司
菊地真理

年間21万人の子どもが両親の離婚を経験する日本。〝ステップファミリー＝再婚者の子がいる家族〟では、継親の善意が子どもを追いつめやすい。第一線の家族社会学者が調査事例を基に、親子が幸福に暮らせる〝家族の形〟を提示する。

ザ・ラストマン
日立グループのV字回復を導いた「やり抜く力」

川村　隆

「自分の後ろには、もう誰もいない」――ビジネスパーソンに必須の心構えとは。決断、実行、撤退……一つひとつの行動にきちんと、しかし楽観的に責任を持てば、より楽しく、成果を出せる。元日立グループ会長が贈るメッセージ。

破壊戦
新冷戦時代の秘密工作

古川英治

暗殺、デマ拡散、ハッカー攻撃――次々と世界を揺るがす事件の背後を探るため、著者は国境を越えて駆け回る。偽サイトのトロール工場を訪ね、情報機関の高官にも接触。想像を超えて進化する秘密工作、その現状を活写する衝撃作。

「婚活」受難時代

結婚を考える会

コロナ禍が結婚事情にも影響を与えている。急ぐ20代、取り残される30代後半、40代。会えない時代の婚活のカギは？ 多くの事例をもとに、30代、40代の結婚しない息子や娘を持つ親世代へのアドバイスが満載。

サラリーマン生態100年史
ニッポンの社長、社員、職場

パオロ・マッツァリーノ

「いまどきの新入社員は……」むかしの人はどう言われていたのか？　ビジネスマナーはいつ作られた？　会社文化を探ると、日本人の生態・企業観が見えてくる。大衆文化を調べ上げてきた著者が描く、誰も掘り下げなかったサラリーマン生態史！

第三帝国

ある独裁の歴史